JN440972

왕따 도련님의 해방일지

왕따 도련님의 해방일지

송성빈 회고록

심지

축사

황의동(전 충남대 대학원장)

이당以堂 송성빈宋成彬 선생의 자서전 『왕따 도련님의 해방일지』의 간행을 진심으로 축하한다. 송성빈 선생과 나와는 보문고 선후배 사이로 그리고 홍사단興士團 동지로서 오랜 인연을 맺고 살아왔다. 더욱이 전통문화에 깊은 관심을 갖고 평생 살아오면서 우리들의 우의는 돈독했다. 사랑하는 아우님이 고희를 넘긴 자신의 삶을 돌아다보며 진솔하게 쓴 이 글은 매우 의미 있는 일이다.

사람은 누구나 이 세상에 태어나서 자신의 삶을 산다. 잠시 왔다 가기도 하고 오랫동안 세상구경을 하고 가기도 한다. 어떤 이는 행복했고 어떤 이는 불행했다고 말한다. 누구는 성공했고 누구는 실패한 인생이라고 말한다. 이처럼 인생은 저마다 다양한 삶을 살지만 자기의 삶은 가장 소중한 것이다. 그것이 어떤 것이든간에…….

평생 대전고, 대전여고, 동대전고, 유성생명과학고 등에서 학생교육에 바친 송성빈 선생이 자신의 삶 전부를 매우 솔직하게 그리고 담백하게 표현해 서술한 이 책은 이 시대를 살아가는 우리 모두의 고백이기도 하다. 보람과 반성, 회한과 긍지가 교차하는 칠십여 평생을 붓으로 수채화를 그리듯이 잘 묘사하고 있다.

송선생은 1951년 6·25 전쟁 중에 태어나 자랑스런 교육공무원으로 사회생활을 마감했으니 축복할 일이다. 어린 시절 아버님으로 인해 마음의 상처를 많이 받은 것 같아 안타깝다. 부모를 만나는 것은 운명이다. 선택의 여지가 없기 때문이다. 17세기 조선의 호서湖西 5현賢의 한 분이시고 동국東國 18현賢의 한 분이신 동춘당 송준길(宋浚吉) 선생의 후예로서 평생 자긍심을 가지고 유지를 계승하며 살아 온 이력이 잘 나타나 있다. 이종락 선생께서 지어준 '以堂'이라는 호도 동춘당 선생을 잘 배우고 계승하라는 의미라고 한다. 송선생은 중등계에 있으면서도 학구열이 왕성하여 한국교원대 대학원에 입학해 정영호 교수 지도하에 석사학위를 취득하였고, 은진恩津 송문宋門의 자랑스런 전통과 선조들의 역사와 사상을 집대성한 『조선조 宋山林의 연구』를 저술하기도 했다. 아울러 우리 지역의 저명한 한학자이신 이종락 선생의 문하에서 한학을 배우기도 하고, 또 우리 지역의 한학자이신 김영한 선생을 사사하여 향토사 연구에 진력하기도 했다.

지병으로 오랜 세월 고생을 하며 생사의 기로를 넘기도 했지만, 이제 다행히 건강을 회복해 활동을 하고 행복한 가정생활을 영위하게 되었으니 축복이 아닐 수 없다.

이 책은 전통시대와 첨단 선진시대를 함께 살아가는 우리들에게 옛날 얘기처럼 그 시절 그때의 삶을 잘 표현해 주고 있다. 그리고 동춘당의 후예로서 명문가 은진 송문의 후예로서 자긍심을 갖고 평생 열심히 살아 온 송성빈 선생의 성공적인 아름다운 얘기가 잘 그려져 있다.

이 책의 발간을 충심으로 축하하며 남은 여생 건강히 행복하게 살아가기를 기원한다.

들어가는 말

내 인생을 진솔하게 쓰고 싶었다. 높은 직위에 있어 본 일도 없고, 뚜렷하게 업적을 세운 적도 없지만 내가 겪은 세상을 누군가에게 보여주고 싶었다. 내 인생이 나만의 것은 아니었기 때문이다. 나와 나의 가족, 은진송씨 가문, 대전을 사랑하는 많은 사람들의 이야기가 내 삶에 들어있기 때문이다.

지난날을 돌아보고 기록을 정리하면서 매 순간순간 소중한 인연들이 나를 일으켜 세워주고 성장시켜 주었음을 다시금 절감했다. 나는 사람들 속에서 나를 찾아갔고, 그들의 사랑으로 성장할 수 있었다.

내 어릴 적 소중한 벗들의 이름을 되뇌어본다. 가까운 이웃으로 살면서 어울려 놀던 영주와 병욱이, 동창 병권이와 수재, 난수, 잠부공 재실에 살던 석재와 석칠이 형님. 학창 시절 동무들은 내게 또 얼마나 많은 도움을 주었던가! 그중 까까머리 시절 우균이와 효균이는 나를 더 큰 세계로 이끌어준 고마운 벗이다.

고등학교 홍사단 활동으로 인연을 맺은 황의동 선배님은 지금도 인생의 조언자 역할을 하고 있다. 광현이와 석일이, 지금은 멀리 부산과 봉화에 사는 청로와 근홍이도 잊을 수 없는 친구다. 어릴 때부터 돌아가시기 전까지 항상 좋은 말씀을 전해 주시며 무기력하게 지내던 나에게 희망과 함께 꿈을 갖게 해주신 큰집 좌빈 종형님은 내게 가장 큰 영향력을 끼친 소중한 분이시다.

그때그때 상황에 맞춰 나타난 인연은 내게 또 얼마나 큰 도움을 주었던가? 군 생활에서 만난 선임과 동기들은 어리버리한 내가 세상 물정을 트이게 하는 전환점을 마련해주었고, 교직에 들어와 문화유산 답사를 진행하면서 만난 문중의 송진도, 송창준, 송용재 선생과의 만남은 오늘의 나를 있게 한 중요한 터닝 포인트였다. 세 분들과의 만남으로 문중사에 관심을 가지게 되었고 많은 것을 배울 수 있었다. 그 고마움은 항상 내 가슴 깊숙이 자리하고 있다.

이외에도 많은 분들이 떠오른다. 교원대 전문과정을 추천해 주신 정재헌 장학사님, 대학원에서 많은 가르침을 주신 김은숙, 주명철, 김상현 교수님과 지금은 단국대학교에 계시는 엄기표 교수님에게서 대학원 시절 많은 도움을 받았다. 그리고 교원대 대학원에 입학하도록 권유하고 많은 영향을 주신 호불 정영호 선생님은 내 삶에 획기적인 변화를 주신, 잊을 수 없는 영원한 스승이시다.

나의 미천한 기록을 세상에 내야 할지 말아야 할지 수없이 접었다 펴며 망설였다. 그럼에도 이렇게 세상에 내보이는 건 수많은 인연들에 대한 감사함 때문이다.『왕따 도련님의 해방일지』는 나를 둘러싼 모든 인연, 나를 키워주고 성장시켜 준 그 고마움에 대한 나의 마음이다. 살기 위해 아등바등 몸부림치면서 겨우겨우 속박으로부터 해방되어가는 서생의 자전적 이야기로 회오[悔悟]와 반성의 기록이다.

나를 세상에 있게 해준 부모님! 나를 알아주고 함께하는 사람, 힘든 일이 있을 때 곁에 같이 있어 내 편이 되어주었던 인연들… 이 인연들이 좌절감에 빠졌던 나를 일으켜 세워주고 지탱하게 해주었다. 소중한 인연들에게 그저 감사할 따름이다.

2024년 5월

자이당[自怡堂]에서 이당 송성빈

차례

제2부

제3부

제4부

부록

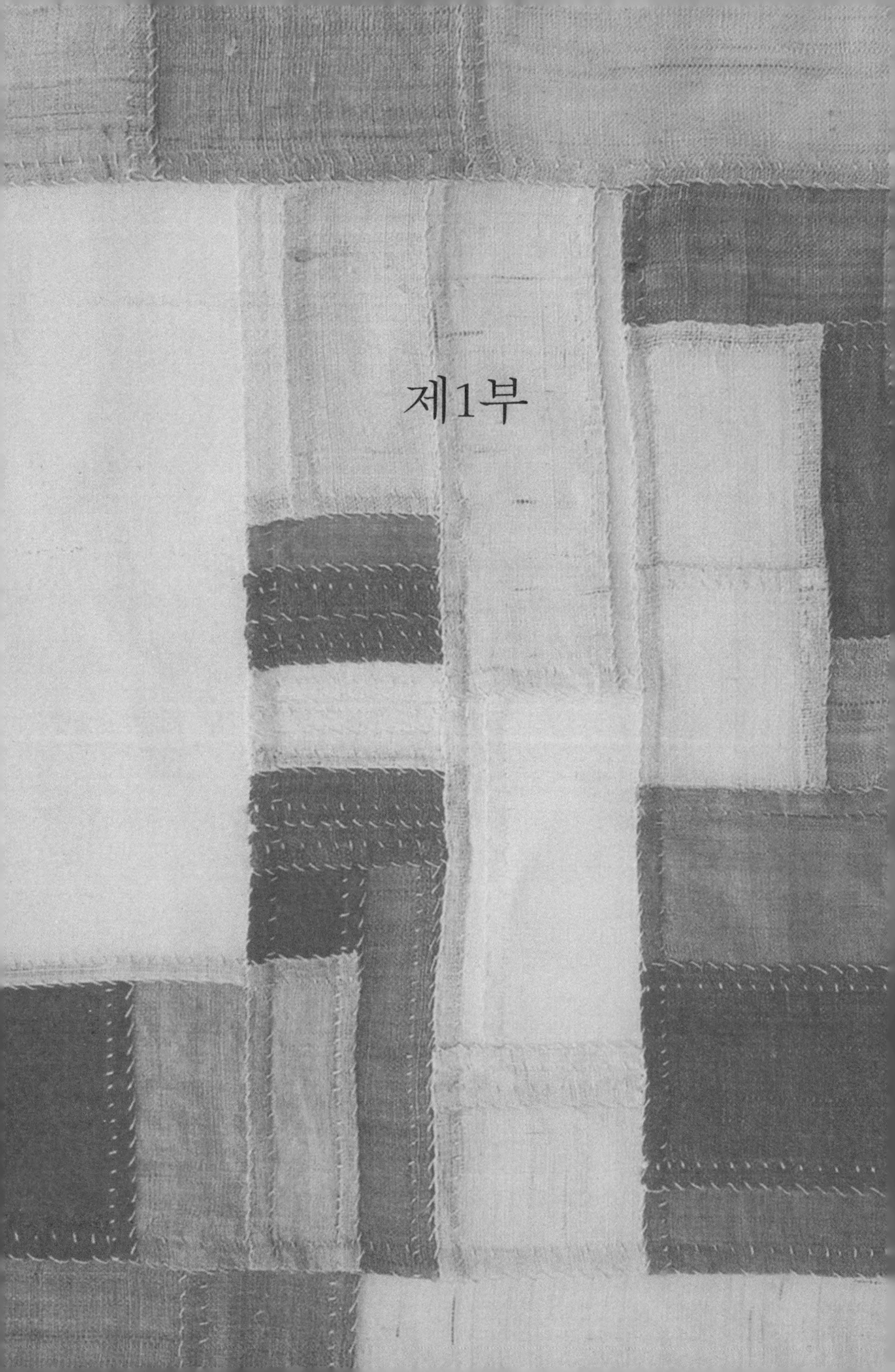

제1부

줄미, 그리운 내 고향

내 고향은 대전시 동구 주산동 줄미다. 대청댐 호수에 잠겨 버려 갈 수도 볼 수도 없는 곳이 되어버렸지만 언제나 눈에 선한 그리운 곳이다. 추동에서 비룡동을 향해 남북으로 길게 뻗어 내린 줄미는 사방이 산자락으로 둘러싸인 아늑하고 조용한 마을이었다. 마을 뒷산 고봉산 꼭대기에 코끼리를 닮은 상암象岩이라는 바위가 있어 상촌象村으로도 불렸는데, 조선 4대 문장가로 꼽히는 신흠의 호가 바로 그 상촌이다. 어릴 적 외가였던 이곳에서 자랐기에 호를 그리 붙인 것이다.

주위 모든 산세가 고봉산을 중심으로 모여든 명당이기에 은진송씨 가문의 오래된 세거지로 많은 묘역이 들어서 있었다. 지평공 송계사의 묘역을 비롯하여 신흠의 외조부인 추파 송기수 묘역, 잠부공, 청풍공, 삼기당공, 동춘당 문정공 증손 학생공(요필) 묘역들이 있다. 현재 줄미와 추파공파 산소가 있는 고용골

사이에는 줄미를 떠나지 않은 주민들이 모여 새로이 제2의 고향을 꾸린 상촌마을이 자리하고 있기도 하다. 샘이 있어 샘골, 산에 둘러싸여 아늑하고 조용한 고용골, 찬 물터가 있던 무터골, 숲이 빽빽하고 좋았던 숲 거리와 큰 바위 두 개가 서로 마주 서 있는 맞바위……. 고향 마을에 자리했던 곳곳의 이름을 떠올리기만 해도 정겨운 마을들이 눈에 밟힐 듯 선연하다. 그 모든 것이 대청호 깊숙한 곳에 잠겨있다.

고향 줄미 마을은 산세와 지형이 뛰어나고 고봉산자락이 코끼리처럼 마을을 품으며 사철 물을 대주고 있어서 사람 살기에 좋은 천혜의 명당자리였다. 마을에는 위친계가 있어 마을 행사뿐만 아니라 집안 행사도 같이 나누었다. 집집마다 관혼상제가 있으면 서로 힘을 합해 일들을 도와주기도 했고 설이나 칠석, 추석 등의 행사가 있으면 마을 공회당 앞에 모여 풍물도 하고 '진주라 천릿길' 같은 연극 연습도 했다. 느티나무 밑 2, 30명 앉을 수 있는 넓은 주원천 쉼터에서 7월 백중날 행사를 위하여 매일 저녁 연극 연습하는 것을 지켜보는 것은 동네 사람들의 낙이었다. 또 그곳은 백중날 동네 머슴들의 놀이터가 됐다. 1년 내내 일하던 사람들에게 공식적인 휴일을 줬었는데 바로 음력 7월 보름 백중날이다. 그날이 되면 술 마시고 하루 실컷 즐길 수 있도록 두둑이 용돈을 줘서 이발도 하러 다녀오고, 둥구나무 밑에서 씨름도 하고 줄을 매달아 그네도 타게 했다.

주산리 주민 중 은진송씨는 소수였고, 타 성씨가 대부분이었다. 살기 어려울 때 들어 왔다가 좀 편해져서 독립할 만하면 떠나는 이들도 있었지만 대부분 대를 이어 살았다. 마을에서 일할 수 있는 근거는 농토였고, 대부분이 우리 조부이신 시종공 할아버지와 여섯 명의 아들이 있었기에 당연히 세력도 거기로 몰렸다. 마을 일들이 큰댁을 중심으로 움직이고 결정되었기에 언제나 일사불란하고 평온하게 움직였다. 그리고 누가 하라는 것도 아니었는데 모든 정보가 큰댁으로 모였다. 마을 곳곳의 일들이 수시로 큰댁에 보고되었기에 자연 큰댁에 가면 동네 소식이 넘쳐났다. 아침마다 정기적으로 드나들며 지난 하루 동안의 동네 돌아가는 상황을 전하는 이도 있었고, 큰일 났다며 헐레벌떡 뛰어 들어와 소식을 전하는 이도 있었다. 누가 공화당 일을 적극적으로 하는지 등의 정치적인 동향부터 시작해 누구랑 누가 싸운 이야기, 협잡질하며 동네 사람을 등쳐 먹은 이야기, 이장이 어떤 과수댁을 건드려서 말썽부렸다는 애정행각 등등의 뉴스들이 매일매일 사람들의 입을 통해 들어왔다. 동네에서 불미스러운 일이 있으면 큰집 형님이 옳고 그름을 판단하여 동네에서 내쫓고, 새로이 누군가가 마을로 들어오고자 한다면 한번 점검을 마친 후에 받아들이곤 했다. 마을 사람들은 큰일에 필요한 상여나 제기 등을 큰댁에 와서 빌리기도 했는데 말하자면 할아버지와 큰집 형님이 동네 사람들의 물질적 정신적 지주였던 셈이다.

큰댁에서 듣게 되는 흥미진진한 이야기 중에서도 특히 귀를 솔깃하게 한 건 남녀 간의 연애담이었다. 교육을 제대로 받지 못하고 무지하던 그 시절, 빠르게는 초등학교 5, 6학년 때부터 임신하는 여자아이들이 있는가 하면, '생피 나눈다'라고 했던 가까운 친족 사이에 정분이 나는 근친상간도 종종 일어났다. '어느 집안의 누구와 누가 친척 간에 그렇고 그런 일이 생겼다'라는 소문이 보고되면 그 즉시 큰댁에서 조처가 내려졌다. 인륜을 벗어난 짓을 한 대가는 퇴출이었다. 두 집 중 적어도 한 집은 쫓겨나야 했는데, 대개는 여자 집 쪽에서 다른 동네로 이사를 하곤 했다. 어느 날 친구들과 산길을 가다가 나뭇가지에 여인이 매달려 죽어 있는 것을 보게 되었는데 뒷얘기를 들어보니 생피를 나눈 후 임신한 몸이었다는 거다. 원치 않은 임신으로 마을 처녀들이 목매달아 죽는 일들이 종종 있었다. 그런 안타깝고도 처절한 일들이 일어나던 무지한 시절이었다.

마을에 일어났던 많은 사건 중 가장 기억에 남는 건 빠이롱쟁이 송씨 아저씨 사연이다. 한국전쟁 때 빨갱이였던 그를 우리는 빠이롱쟁이라 불렀는데 마을에서 쫓아내려 하는 걸 '여기서 살되 나타나지 말라'는 할아버지의 조치로 식구들은 그대로 살 수 있었다. 빠이롱쟁이는 얼굴이 무척이나 훤칠했는데 그 잘생긴 얼굴도 얼굴이려니와 언변이 더 좋았다. 그이는 타고난 자신의 장점을 살려 전주 인근을 다니며 건강식품을 팔았다. 유창한 말솜씨로 사람들을 홀리며 뱀탕 같은 것을 파는 약 장사로 많은 돈을 벌었다. 어느 날은 마대 두 자루 가득 돈을 들고 온 적도 있었다고 하는데, 달도 차면 기운다고 호시절은 그리 오래 가지 못했다. 빠이롱쟁이 송씨 아저씨가 밖으로 돌아다니던 중 아주머니가 다른 남자와 눈이 맞았고, 또 아비를 닮아 건장하고 멋스럽던 아들은 장터에서 술 먹고 취한 상태로 트럭 뒤에 타고 집으로 오던 중에 고갯길에서 떨어지는 사고를 당해 하반신을 못 쓰게 되었다. 그 역시 그게 먹고 사는 고달픈 일이었을 텐데 약을 팔며 솜씨 좋게 사람들을 홀리고 다녔던 빠이롱쟁이 아저씨의 결말은 비참했다.

면사무소에서 직원들이 담당하는 관할 동네가 있었다고 하는데, 우리 동네는 여직원이 담당했을 정도로 말썽 없고 평온한 동네였다. 큰댁에서 웬만한 일들은 다 컨트롤 하고 있었기 때문이다. 하지만 겉으로 보기와는 달리 집집이 대문 안으로 들어가 보면 온갖 사연이 파란만장하게 있었다. 어쩌면 그중 우리 집이 제일 으뜸이었을지도 모른다. 우리 아버지는 동네에서 송사를 잘하기로 유명했다. 법률적인 문제를 많이 해결해줘서 재판 박사라 불렀다. 머리가 명석하시고 재판을 많이 해 보셨던 아버지는 농지개혁 등으로 자기 땅을 찾지 못하는 사람들에게 법률적인 도움을 많이 주셨다. 또, 사람들이 소송에 휘말려 증인이 필요할 때, 법정에 서는 것을 두려워하고 번거로워하는 사람들을 타일러 증인으로 설 수 있게 했다. 법률적 지식이 전무했던 많은 이들이 아버지에게 손을 내밀었고, 그때마다 아버지는 재판이 잘 끝날 수 있도록 도움을 주었다. 재판을 앞두고서는 새벽같이 일어나 서류들을 점검하셨으며, 평소 변호사나 판사들을 찾아다니며 쌓은 인맥과 그들에게서 들은 귀동냥으로 많은 일들을 해결해주셨다. 그러고 보면 동네 사람들에겐 무척이나 인자하신 양반이었다. 명절 때면 늘 잊지 않고 우리 집 일을 돕는 사람들에게 김 한쪽과 명태, 오징어를 챙겨주셨다. 본인이 일일이 찾아

다니셨고 그이가 동네를 떠나서도 찾아가서 주셨다. 나중에 아버지가 나이 드셨을 때 아버지가 찾아가시면 늘 반갑게 맞이하며 뭐 먹고 싶냐고 물어보고 음식을 대접해주었다고 한다.

하지만 집에서의 아버지는 해도 해도 너무한 폭군이셨다. 당시 서너 마지기만 있어도 먹고 살 만할 때 우리 집은 4, 50마지기의 땅을 가지고 있었다. 남들이 부러워할 만한 부농이었고 윗방에 쌀과 곡식들이 가득 차 있었는데도 우리는 배를 곯고 어머니는 끼니 걱정을 해야 했다. 누가 들으면 거짓말이라고 할 만한 말도 안 되는 상황이다. 아버지가 밖에서는 베풀고 인사치레하시면서 가족들에게 인색하게 굴었기에 어머니는 늘 끼니 걱정을 하고 사셨다. 그런 아버지가 나는 늘 원망스럽고 이해할 수 없었다. 어쩌면 앞으로 할 나의 이야기 대부분이 이런 아버지로부터 기인한 것일지도 모른다. 나의 이야기의 저 밑바닥에는 아버지가 있다.

불안 속에 자란 아이

내가 태어날 당시 우리 가족은 주산리 청풍공 산소 밑에 있는 흔집(헌집)에서 살았다. 6.25 경인 난리 때 아군이 압록강까지 전진했다가 중공군이 다시 쳐들어와 1.4 후퇴하게 된 즈음 어머니는 나를 뱃속에 품으신 만삭의 몸이셨다. 폭탄이 터지고 공산당이 쳐들어오는 난리 속에서 온 동네가 아수라장이 되었는데도 옴죽달싹 못하셨다. 아버지는 국민방위군으로 끌려가 집에 안 계셨고, 당내간들은 옥천군 군서면 은행리로 피난을 떠났는데, 오직 우리 집만 나 때문에 피난을 못 떠난 것이다. 어머니께서 불초를 잉태하시어 몸이 만삭이 되어 떠나지를 못하셨으니 그 고충과 애끓는 마음이 오죽하셨겠는가. 그때를 생각하면 가뜩이나 불행한 우리 가정사에 내가 크나큰 짐이 된 것 같아 가슴 아프기가 이를 데 없다.

온 마을이 전쟁의 상흔으로 처참히 짓밟힌 때, 공습으로 집이

송두리째 날아간 폐허의 현장에서 우리 형제자매들은 어머니와 함께 텅 빈 동네에 버려지듯 남아 있었다. 낮에는 미군 공습과 인민군 출몰을 피하여 큰집 광 뒤쪽 고봉산 밑에 숨었다가 밤이 되면 나와서 집에 들어가 먹을 것을 챙기고 다시 산에 들어가는 생활을 했단다. 큰누님은 그 조마조마한 생활을 떠올리시며 하루하루가 살얼음을 걷는 위기의 순간이었다고 치를 떠셨다.

큰누님은 당시 열여덟 살의 처녀였지만 아버지가 없는 집안의 장녀로서 만삭인 어머니를 대신하여 집안의 가장 역할도 해낸 것 같다. 임시방편으로 식구들이 숨어있을 만한 공간을 만들었다는데 솔가지로 얼키설키 얽어 지은 그 어설픈 단칸 초막에서 내가 태어났다. 하늘에선 쌕쌕이 호죽기가 쌩쌩거리며 날고, 땅에서는 대포 소리가 굉음을 내는 전쟁의 포화 속, 폭격과 공습으로 집들이 송두리째 날아가 부서지고 무너져내린 잔해만 남은 황폐한 폐허의 현장에서 불안과 절망의 기운 속에 가련한 인생이 세상 첫발을 내디딘 것이다. 1951년 1월 21일의 일이다.

흔집에서의 생활은 떠올리기도 싫은 기억이다. 산 밑 습기 많은 축축한 공간이라 지네가 많았다. 집안으로 들어와 대나무로 얽어놓은 벽으로 지나다녔고, 어쩌다 몸이 스멀거려서 보면 팔이나 다리 위로 시커먼 지네들이 꿈틀거리며 기어오르고 있었다. 놀라 비명을 지르며 털어내 버리지만 한번 깨물리면 독이 있어 벌겋게 부어오르기 때문에 지네가 출몰하면 그걸 잡느라 한바탕 난리가 나기도 했다. 어느 날 밤엔가 천장에서 구렁이가 이불 위로 뚝 떨어진 적도 있다. 어머니는 당황하며 소리 지르는 우리를 달래시며 “뱀은 영물이기 때문에 죽이면 안 된다. 너희들은 가만히 있어라.” 하시며 문을 열어 놓으시고는 뱀을 향해 두 손을 모은 채 싹싹 비셨다. 어머니 입에서는 연신 제발 조용히 나가 달라는 기도가 나왔다. 간절한 어머니의 부탁이 통했는지 팔목만큼 굵고 굵은 구렁이가 미끄러지듯 슬며시 문밖으로 나가는 것이었다. 지금도 그 기억을 떠올리면 머리가 쭈뼛 설 정도로 아찔하다. 또, 어느 날은 동네 우물에서 물을 떠다가 큰 자배기에 받아놓았는데 밖에서 돌아와 물을 먹으려고 하는데 자배기 안에 뱀이 똬리를 틀고 있어 혼절할 정도로 놀란 기억이 있다. 당시엔 뱀도 흔하여 1년 후배 원학이네 집이나 호길네 집 등 다른 이웃집에서도 뱀이 출몰하는 일들이 자주 있었다. 지금 사람들은 짐작도 못할 일들이다.

이렇게 전쟁이라는 불안한 시기 속에서 자란 나는 전후 어설픈 상황 속에서 유년을 보냈다. 그 유전적 영향이 있었을까? 유난히 잔병치레가 많았고 마음도 굳세지 못했다. 어머니는 생전에 이렇게 말씀하시며 숫기 없고 나약한 나를 위로해 주셨다.

“네가 새벽에 태어난 범띠이니 무슨 힘이 있겠냐. 밤새워 사냥하고 다니다가 이제 기운이 다 빠져서 자려고 들어가려는 참이니 힘이 남아 있겠느냐. 밤에 활개를 치고 다녔던 범이 훤하게 날이 밝아 오니 맥이 없는 거야. 태생적으로 니 기가 약한데다가 어릴 때 병으로 두 번이나 죽다 살아났으니, 이렇게 건강하게 사는 것만 해도 용한 거다.”

나는 남보다 많이 늦되었다. 성장이 느렸던 탓에 학교 들어

갈 즈음까지 이불에다 오줌을 쌌다. 어떨 땐 구겨진 교복을 반듯하게 한다고 이불 밑에 깔아 둔 누나의 교복에 오줌을 묻히기도 하였다. 그땐 오줌을 싸면 키를 뒤집어쓰고 이웃에 소금을 받으러 가야 했는데 막내 누이가 철저하게 시키는 바람에 매번 그 벌칙을 지켜야 했다. 이웃집 영주네며, 방아 밑 댁네 등을 찾아가 키를 쓰고 소금 받으러 가는 일은 정말 죽기보다 싫었지만 안 가려고 버티면 꼬집고 난리를 피우는 바람에 안 갈 수가 없었다. 아마도 호되게 망신을 줘서 다시는 오줌을 싸지 못하게 하려는 의도였을 텐데 그땐 그렇게 군기를 잡는 누나가 야속하기만 했다. 하지만 막내 누이는 그 야무진 성격으로 내가 글자를 깨치는 데 도움을 준 분이기도 하다. 머리까지 늦게 트여 아무리 글자를 가르쳐도 알아듣지 못하는 나를 끝까지 붙잡아 놓고 가르친 것도 막내 누이였다. 학교에 들어가서야 글자를 깨치게 되었지만, 왼손으로 겨우 글씨를 써 내려가던 나를 오른손으로 쓸 수 있게 교정시켜 준 것도 막내 누이다. 나로 인해 오줌에 젖은 교복을 빨아 다려입느라 학교에 늦게 가기도 했던 누님! 잊지 못할 고마운 분이다.

첫째 둘째 두 누이는 터울이 많아 내가 기억을 떠올릴 즈음에는 시집가고 일하러 가고들 해서 별 기억이 없다. 다만 누이들에게는 어렸을 때의 내 모습이 남아 있어서 전해주는 이야기를 들어서 알고 있다. "너는 어렸을 때 대인기피증이 있었던 것 같아. 사람들과 이야기할 때 눈을 제대로 못 맞추고 바닥을 내려다보면서 말을 했어. 또 책을 보는데도 그렇게 고개를 끄떡끄떡하더라.”, “왜 그랬는지 몰라도 항상 기운 없이 어깨가 축 늘어져 있었어.” 그랬다. 누이들이 떠올리는 대로 나는 자라는 내내 두려움에 떠는 자신감 없는 아이였다. 그런데 그럴 만도 하지 않은가. 잉태된 이후 뱃속에서부터 태어날 때까지, 그리고 아버지의 그늘 밑에서 성장하는 내내 내 삶은 불안했다. 어머니의 뱃속에서 한국전쟁을 맞이하고 1 · 4 후퇴 난리 통에 태어났으니 전쟁의 와중에 산모인 어머님께서 어느 한순간이라도 편히 지내실 수 있으셨을까. 나를 분만하는 과정도 누이들이 도왔다고 하니 어설프기 짝이 없었을 거다. 안 그래도 불행한 어머님의 인생사에 불초 소생이 태어나서 전쟁 난리 통에 어머님을 더욱더 힘들게 했다.

난리가 끝났다고 평안한 시기가 온 것은 아니었다. 전쟁의 소용돌이가 그쳤다 해도 우리 집은 여전히 긴장감이 돌았다. 걸핏하면 호통을 치고 구박하는 독재자 아버지가 숨 쉴 틈 없이 광기를 부리셨기 때문이다. 전쟁이라는 시대적 특수성에다가 아버지의 광기라는 집안 분위기 속에서 그 누구보다도 소심하고 자신감 없는 아이로 자라났다. ‘아버지의 불호령이 언제 떨어질까?’ 하는 염려로 모든 행동에 제약이 가해져 학교생활에도 숫기 없이 외롭게 지내며 자기 의견을 제대로 표현하지 못하는 어린 시절을 보냈다. 게다가 어려서 잔병치레를 많이 한 탓에 동네 아이들과 어울릴 기회가 없었기 때문에 운동을 잘 못했다. 가장 즐거워야 할 가을 운동회 때가 큰 곤욕이었다. 달리기에 맨날 꼴찌만 해서 참여하는데 속칭 쪽팔린다고 할까? 즐거워야 할 초등학교 때 운동회는 내 생애에 있어 가장 치욕적인 행사였다. 내 유년의 기억엔 늘 의기소침해하며 속으로 서러움을 삼키는 그런 내가 있다. 내내 병치레했던 나는 1년에 한 달 정도는 학교에 못 다녀 학습 능력이 따르지 못해 삼류중학교에 입학하게 되었다. 몸이 허약한 나였지만 학교 오가는 차비를 얻지 못해 매일 질티 고개를 넘어 한 시간 반이 넘는 길을 걸어 중고등학교에 다녔는데, 어쩜 그것이 그나마 지금까지 건강을 유지하게 한 체력을 키운 게 아니었나 싶다.

지금 생각하면 태어날 때부터 어머니가 돌아가실 때까지, 어머니에게 나는 큰 잘못을 저지른 것 같다. 나 때문에 피난도 못 가고 조마조마한 생활을 한 어머니 생각만 해도 아찔하고 눈물이 앞을 가린다. 소극적이며 기가 죽어 수줍기만 한 유년기의 내 성격은 결코 내 탓이 아니었지만, 마음 저 밑바닥에는 무언가 죄스러운 마음이 있다. 또, 아들로서 아버지로부터 어머니가 갖은 핍박과 무시를 당하며 언어폭력과 신체 폭력을 받는 것을 그대로 두고 본 것이 가슴 아프다.

나이 들어 생각해보니 아버지도 나처럼 나름 자신 안에 스스로 어찌해볼 도리가 없는 무언가가 있지 않았나 싶다. 어머니가 나를 낳을 즈음 아버지는 국민방위군에 끌려가 헐벗고 굶주리며 지내다가 거의 굶어 죽기 전 상태로 탈출한 경험이나 어릴 때 제대로 학교 교육을 받지 못한 콤플렉스, 여섯 형제 사이에서 유독 할아버지에게 제대로 인정받지 못한대서 오는 자격지심. 이런 것들이 아버지의 유전자 안에 있던 광기를 극대화하는 외부 요인이 되지 않았나 싶다. 하지만 아무리 이해하고 용서하려 해도 아버지는 언제나 나에겐 약속하기만 한 사람이다.

무소불위 폭군

아버지는 무소불위 폭군이셨다. 뭐든 당신 뜻에 맞지 않으면 소리를 치고 역정을 내시곤 했다. 언제 불호령이 떨어질지 모르기 때문에 아버지가 집에 계시면 식구들은 늘 긴장해야만 했다. 이유도 모르고 예측할 수도 없는 광기를 일방적으로 당하고만 있어야 했다. 언제 터질지 모르는 시한폭탄 같은 아버지와 사는 건 불안 그 자체였다. 아버지는 특히 어머니를 못살게 굴었는데 어머니에게 짜증을 부리실 때는 온 동네가 떠나가라 고래고래 고함을 치셨다. 가끔 폭력도 쓰셨기에 어머니는 얼굴이 붓거나 몸에 멍이 들기도 하셨다. 우리 형제가 다 매달리면 아버지를 말려 볼 수 있었을까 생각해보기도 하지만 그 당시로 돌아가 보면 그건 절대 불가능한 일이다. 세상 그 누가 온대도 아버지를 말릴 수는 없었을 거다. 어머니는 아버지에게 이유도 모른 채 매를 맞고 폭언을 들으셔도 아무 일 없었다는 듯 부엌으로 가서 아버지 식사를 준비하시곤 했다. 아버지에게 매를 맞는 어머니를 지켜봐야 하는 우리들에게도 그 고통과 비참함은 고스란히 전해졌다. 천둥 벼락이 치면 그저 그 순간이 지나가기만을 바라는 것처럼 아버지의 분이 풀어져 더는 폭언과 구타를 하지 않기를 바랄 뿐이었다.

하루도 편안할 날이 없을 정도로 불안했던 유년시절은 지금 떠올려봐도 몸서리 쳐지는 비참한 나날이었다. 할머니가 오시면 우리 아버지는 핀잔을 많이 받았다. 아내에게 하는 짓이 뭐냐면서 혼내주시던 기억이 떠오른다. 할머니가 오시면 여러 며느리와 손자들이 모두 뒤를 따라다니던 모습이 새롭다. 아버지의 경우 너무 정이 없어 기억하기조차 싫다. 가정이라는 게 무엇인지 모르는 분이셨다. 아버지의 역할도 모르고, 남편의 역할도 몰랐다. 세상을 이기적으로 사신 분이다.

게다가 아버지는 우리에게 무척이나 인색하셨다. 아니 인색한 정도가 아니라 돈 한 푼 쓰기도 아까워하시는 무책임한 가장이었다. 방에 쌀이 그득 쌓여있어도 어머니는 늘 끼니 걱정을 해야 했으며 형과 누이들에겐 차비도 주지 않아서 한 시간 반이나 되는 길을 걸어 다녀야 했다. 언제는 형이 학교 가는 버스비를 달라고 하자 신발을 집어 던지시면서 호통을 치셨던 적이 있다. 나 같으면 아버지가 마루 위에서 신발을 잡으려고 하실 때 도망을 가던가, 아니면 반항이라도 했을 텐데 형은 그 자리에 그대로 서서 고무신을 얻어맞으며 쏟아지는 폭언을 듣고만 있었다고 한다. 말하자면 그건 형이 보여주는 아버지에 대한 소심한 반항이었다.

아버지는 누이들에게 더욱 가혹했다. 학비도 제대로 보태 주시지 않았으며 결혼할 때 둘째 누님 같은 경우 아버지를 다시는 안 보겠다며 집을 나간 이후로 돌아가실 때까지 얼굴을 안 봤으며, 큰누이는 아버지를 보고 아버지라고 부르지 않았다. 누이들에게 아버지란 존재는 원망 그 자체였을 것이다. 우리 모두의 가슴에는 아버지란 폭군이 할퀴어댄 커다란 상처들이 있다. 그리고 그것이 더욱 쓰라리게 된 건 아버지가 행한 용서 받지 못할 행동에 기인한 것이었다. 가족이라는 개념이 없는 분이다. 이웃한테는 잘했지만 그게 무슨 소용인가?

새집을 짓기 전 어머님과 세 누님과 형 우리 다섯 식구는 큰누이가 임시방편으로 지은 흔집에서 살았고 아버지는 옆집 영주네 사랑방에서 지냈다. 어떻게 그렇게 따로 지내왔는지 이해가 되지 않았는데 그렇게 내내 살다가 내가 열 살쯤 되던 해 새로 집을 지었다. 당시 동네에서 지평공 재실 빼고는 가장 큰 집이었다. 안채는 ㄱ자집이었고 사랑채는 대문과 외양간이 있었으며 잿간과 변소까지 갖추어 있는 제법 멋있는 집이었다. 다 쓰러져가는 헛간 같은 집에서 대궐처럼 넓은 집으로 옮겨 온 기쁨은 그리 오래가지 않았다.

어머니가 집안 살림을 잘 못한다는 핑계로 아버지가 소실을 들여왔기 때문이다. 서모는 명애와 명옥이라는 두 딸을 데리고 왔고 우리 집에서 같이 살게 되었다. 이후 남동생과 여동생을 얻게 되었다. 우리 식구 일곱에 서모로 인해 새로 생긴 식구 다섯, 그리고 식모와 일꾼 등 새로 지어서 넓어진 공간만큼 더 많은 식구가 생겨났다. 그때부터 아버지에 대한 섭섭함과 원망은 커져 갔다. 이웃들이 우리 집에 대해 수군거리는 것이 치욕이었고 서모와 한 지붕 밑에서 같이 산다는 것 자체가 나를 기죽게 했다. 하지만 우리를 더욱 화나게 했던 건 우리에게는 그렇게 인색하고 무심했던 아버지가 서모의 자식들에겐 아낌없는 지원을 해주었다. 미국으로 가서 생활할 수 있게 하는 등 우리와 비교할 수 없을 만큼의 지원을 해주었다. 누님들이 공부하고 싶어도 제대로 못 하고 고등학교 졸업 후 남의 집에서 살기를 하거나 학교 교사가 되어도 살림살이가 궁색해 어려움을 겪을 때도 아버지는 십 원 한 장 보태주지 않았다. 그러니 우리들의 서운함과 배신감이 뼛속 깊이 사무치지 않을 수가 없다.

그래도 누님들은 "너는 그래도 우리 형제 중에 제일 낫다."라는 말을 하곤 한다. 그 말이 틀린 말은 아니지만 나도 아버지에게 받은 상처가 크다. 남이 보건 안 보건, 친척들 앞에서건 마을 사람들 앞에서건 아버지는 시도 때도 없이 늘 면박을 주셨다. 주로 '숙맥'이니 '등신'이니 하는 말을 뱉어 대셨는데, 그렇게 남들 앞에서 인격적으로 무시 당하는 바람에 내 자존감은 무참히 무너져만 갔다. 나중엔 사람들 만나는 것도 싫어졌고 누구를 만난대도 제대로 눈을 마주칠 용기조차 생기지 않았다. 어린 내 마음은 미처 기를 펴볼 틈도 없이 주눅들대로 주눅 들어 버렸다.

하지만 아버지는 밖에서는 노블레스 오블리주를 실천하는 분이셨다. 마을 사람들이 법률적인 문제를 겪고 있으면 어떻게든 도움을 주시려고 애를 쓰셨으며 가난한 사람들을 도와 먹을 것을 나눠 주기도 하셨다. 집안일로 남을 쓰거나 할 때는 모자람 없이 대가를 지불하셨고, 설이나 추석 같은 명절 때면 우리 집에서 일하는 사람들이나 이웃들에게 김과 명태, 오징어 같은 것을 담아서 돌렸다.

그런 상반된 모습이 더 배신감을 느끼게 했다. 최고로 잘해야 하는 가족들에겐 폭언과 폭력을 일삼고 경제적 지원도 해주지 않으면서 남에게 잘해주고 인사치레를 잘하며 번듯한 양반행세를 하는 것이 무슨 의미가 있겠는가. 집안에서는 식구들을 막 대하고 남에게는 명문가의 체면을 지키던 아버지의 양면성이 가끔 무너질 때가 있었다. 밖에서도 예의 그 괴팍한 성질이 나오곤 했다.

내가 중2 때 사러리 마을에 시내버스가 들어왔다. 아버지는 시내에 나갈 때나 장에 가실 때 버스를 이용하셨는데 한번은 사러리의 버스정류장에 가셔서는 그곳 인척 사람들과 시비가 붙으셨다. 서로 치고받는 몸싸움이 나서 아버지가 서외과에 한 달 정도 입원하시기도 했다. 같은 은진송씨지만 파가 다른 어느 집안을 가리켜 '아무것도 한 게 없는 집안'이라고 무시하는 발언을 한 것이다. 평상시에도 가문을 운운하며 조금이라도 흠이 있는 집안을 보면 무시하거나 막 돼 먹은 집안이라고 비하하신 버릇이 대화 중에 나왔으니 그 말을 들은 당사자가 가만히 있을 리가 없었던 거다.

가끔 아버지의 괴팍함이 어디서 기인한 건가를 보면 6형제 중 유일하게 제대로 공부하지 못한 탓도 있는 것 같다. 대전중과 대전고를 나온 형제들 사이에서 정식적인 학교 교육을 못 받았던 콤플렉스가 어느 정도 성격에 영향을 미쳤을 것이다. 하지만 한학은 그 누구보다도 밝으셨으며 머리가 명석하셨기 때문에 나중에 공무원으로 들어가는 기회를 잡으셨다. 그러나 괴팍한 성격은 직속 상사와 부딪쳐 얼마 다니지 못하고 퇴직하였다.

공부하지 못한 자격지심은 다른 당내간 식구들과 우리 형제들을 비교하는 것으로도 나타났다. “신안동 큰어머니는 우빈이와 희빈이 키울 때 ‘빌어먹지 않고 잘 살려면 열심히 공부해라.’라고 독려하면서 혹독하게 키우셨다. 공부하는데 게으른 기색을 보이면 사정없이 종아리를 걷게 하여 회초리로 때리며 엄정하게 교육하셨어. 그랬기 때문에 우빈이는 군수, 희빈이는 은행장도 하는 것이 아니냐? 너희들은 그것을 귀감으로 삼아야 하는데, 왜 그리 놀기 좋아하느냐?” 하시면서 큰어머니의 엄정한 교육에 대해서 수시로 말씀하신 것이 기억난다.

아버지가 수시로 광기를 부리시고 혼내시고 하자 어느 순간 적응도 되었다. 어쩌면 더 이상 무너질 자존심도 없어서인지는 모르지만, 적당히 듣고 무심하게 흘려 버리는 것. 그것이 나의 생존전략이었다. 지금도 남의 말을 겉넘는 습성이 나오는 것은 여기서 기인했는지도 모른다. 그러나 살려면 어쩔 수 없었다.

새 학기가 되어서 학용품들을 사러 가는 날이면 아버지와 형과 함께 질티고개 건너 남간정사를 지나 중앙시장을 찾았다. 아버지와 동행할 때면 언제나 한결같이 구박받으며 다녔다. 무슨 특별히 잘못한 일도 없는데, 그냥 아버지 마음에 심술이 나면 등신 소리를 들으며 야단맞았다. 혼자 있을 때 들어도 듣기 힘든 말인데 같이 가는 사람들이 있을 땐 더더욱 힘들었다. 시장에 가서 공책이나 연필 같은 학용품들도 사고 가끔 아버지가 필요한 살림살이를 사서 오기도 하였다. 장보기가 끝나면 중앙시장 안에 있는 함경도 집에 데리고 가서 짜장면을 사주셨는데 그렇게 맛있을 수가 없었다. 물론 짜장면 먹는 동안에도 아버지의 구박은 그치질 않았다. 짜장면 맛에 빠져들면 그까짓 등신 소리는 아무것도 아니었다. 그리고 조금씩 귓등으로 흘려듣기 시작했다.

어린 나이에도 살아야겠다는 생각이 들어서인가. 어느 순간부터 익숙해져서 그러려니 하게 되었다. 물론 형까지는 그러지 않았다. 형은 무척이나 견디기 힘들어했고 아버지가 돌아가실 때까지 적응이 안 된 모양이었다.

누님들 말처럼 나에겐 그나마 잘해주셔서 그런지, 아니면 내가 귓전으로 듣고 말아서인지 후에는 그런대로 적응하고 지냈다. 어른이 된 후 아버지께서 나를 평하기를 "고집이 세고 팩팩하고 대단히 까다로운 놈이지만 경위(涇渭)가 밝다."라는 말씀을 많이 하셨다. 지금도 여전히 중앙시장 안에 '함경도 집'이 있다. 가끔 옛 생각이 나서 찾아가면 그때 그 맛이 아니다. 내가 변한 건지 대물림한 지금의 사장이 옛맛을 찾지 못하는지는 모르겠다. 영 이해할 수 없었던 아니 이해하기조차 싫었던 아버지의 마음을 언제부턴가 조금씩 이해해 보려고 해보았다. 그렇게 맛있었던 짜장이 예전처럼 맛있게 느껴지지 않은 것처럼 세월 따라 내 입맛도 식당의 손맛도 변한 것처럼 그렇게 싫었던 아버지에 대한 내 마음도 변할 수 있을까?

고난과 희생으로 살아오신 어머니

어머님은 평생 낮은 자세로 엎드려 사셨지만 모든 것을 다 품는 분이셨다. 그 삶을 어찌 말로 다 표현할 수 있으리. 예전 여인네들의 삶이 다 그랬다지만 우리 어머니의 인생은 그중에서도 더더욱 처절하고 서러운 것이었다. 시집온 이후 내내 아버지에게 폭언과 폭행을 당하시고도 반항 한번 못한 채 순종하셔야만 했고, 아버지가 새 여자를 데리고 들어오셨을 때도 오히려 서모가 데리고 온 딸들과 새로 낳은 아이들을 우리 누이보다 더 살뜰히 키우셨다. 암에 걸린 서모가 돌아가실 때까지 그 병 수발을 혼자서 다 해내신 분이다. 동네에서 바보천치가 아니냐는 말을 들을 지경이었으니 가히 보살의 마음이셨다.

어머니는 명문名門 대구 서씨 가문으로 약봉 서성徐渻의 13대손이시다. 대구서씨 전첨공파 후예後裔로, 전첨공파는 영조비 정성왕후를 배출했고 어머니의 8대조 명구부터 조부 병찬까지 7대

대과 급제를 한 명문 집안이다. 외조부 정목廷穆께서는 일제 강점기에 경성의전을 소학교 졸업장도 없이 검정시험으로 합격하여 다닐 정도로 천재였다고 한다. 당시는 명문가끼리 맺어지는 혼사가 많았는데 당사자인 아버지보다 할아버님이 어머님을 더 마음에 들어 하셨다고 한다. 명망 있는 가문의 규수가 인물도 곱고 심성도 착해 보였기에 적극적으로 결혼을 추진하셨고, 집안 살림이 어려운 것을 아시고는 할아버지께서 직접 혼수도 장만해 주셨다고 한다. 후에 생각해보니 어머님이 빈 몸으로 시집오신 것도 아버지가 어머니를 구박하시게 된 이유가 되지 않았을까 싶다. 형제들과 사촌들끼리 은근히 비교도 되고 견제하고 그럴 건데 욕심 많으신 아버지가 맨몸으로 시집온 어머니를 보실 때 마음이 좋았을 리 없다.

지금도 어머니를 생각하면 우리를 살뜰히 챙겨주시던 모습이 생각난다. 큰집에 1년 기제사만 해도 열한 번 있었는데 제삿날이 오면 제사 지내고 난 후, 새벽에 제사 때 썼던 쌀밥, 과일 등 봉송을 챙겨 가지고 와서 자는 우리를 깨워 먹게 했던 것과 새벽에 감나무밭에 가서 홍시를 주워 맛보게 했던 일들이 추억으로 남아 있다. 여름이 되면 입맛이 떨어지니 입맛이 돌라고 익모초를 뜯어다가 즙을 내서 한 사발씩 주시곤 했는데, 어찌나 쓰던지 목구멍에서 올라오던 그 쓴맛이 아직도 생생하다. 익모초를 먹고 나면 그 영향으로 아무 탈 없이 여름을 잘 났던 것 같다. 우리 다섯 남매가 그나마 탈선하지 않고 생명을 부지한 것이 어머니의 크신 덕 때문이다. 어머니는 노예적인 삶을 살면서도 우리에게 욕 한번 한 적 없이 사랑으로 감싸 안아 주셨고, 주위 사람 모두를 다 포용하는 진정 이 시대의 큰 대인이셨다. 어머니를 생각하면 이가 빠지셔서 잇몸으로 늘 음식을 오물오물 씹어 드셨던 것이 생각난다. 그래서 생각만 해도 목이 메고, 틀니 하나 안 해주신 아버지가 야속하기만 하다.

아버지는 내가 여덟 살 때 새집을 짓기 전까지는 흔집 옆에 있는 영주네 사랑채에서 사셨다. 왜 가족들을 위한 살 만한 집을 장만하지 않고 자신만 남의 집 사랑채에서 사셨는지 이해가 안 된다. 아버지가 모든 경제권을 쥐고 계셨으므로 우리가 먹을 양식이나 필요한 돈도 일일이 다 아버지에게 가서 얻어와야 했다. 밥해 먹을 쌀도 한 번에 주시지 않았으므로 하루에 한번 그날 먹을 쌀을 받으러 갔다. 그 역할은 막내인 나의 몫이었는데 매일 아침 영주네 사랑채에 있는 아버지에게 가서 작은 됫박으로 한 됫박씩 타오곤 했다. 당시 그것을 욥쌀 타러 간다고 했다. 이렇게 쫀쫀하게 살림했으니 어머니 고생이 얼마나 크셨겠는가. 동네에서 가장 실속 있는 부자라고 하면서도, 가족이 먹는 식량은 겨우 죽지 못해 살 정도의 양식을 주었으니 얼마나 팍팍하게 생활하셨을까? 게다가 아버지는 우리 가족에게 특히나 어머니에게 너무나 큰 상처를 남기셨다.

초등학교 2학년 때 어느 날, 학교 갔다오니 집 앞에서 사람들이 "너 새엄마가 들어왔다."라고 하는 것이다. 무슨 말인가 싶기도 하고 창피하기도 해서 얼른 집에 들어오니 동네 아주머니 서너 명이 와서 웅성거리고 있고, 곱게 단장한 서모가 안방에 앉아 있는 것이다. 서모에게서 나는 분 냄새가 방안에 진동했다. 인사하기도 그렇고 주춤거리는데, 서모는 나를 보고 웃는 낯으로 인사했다. 어머니는 안방 한쪽에서 아무 말씀 안 하시고 계셨다. 어머니가 살림하는 것이 마음에 안 들어 살림 잘하는 여자를 얻는다며 소실을 맞아들인 것이다. 서모는 나와 나이가 비슷한 명애와 네 살 된 명옥이를 데리고 왔다.

사람들은 우리 뒤통수에 대고 수군대며 뒷담화했고, 마을에는 온갖 소문들이 난무했다. 길을 나서면 갖은 비아냥거리는 소리가 들려 왔기에 가뜩이나 숫기 없던 나는 더 의기소침해졌다. 집안 어른들이나 동네 사람들은 "어머니가 불쌍하지도 않냐. 아들이 되어서 뭐 하느냐?", "왜 아들이 내쫓지 않고 그대로 참느냐?"는 말들을 내게 하곤 했다. 어린 내가 감당하고 견디기 어려운 그 말을 듣는 건 너무나 큰 고통이었다. 서모를 내쫓을 수 있는 사람이 누가 있겠는가. 아버지의 말이 법이고 죽으라면 죽는 시늉까지 내며 살던 그때, 아들이 두 명이 아니고 스무 명이 있었던들 아버지가 데리고 온 여자의 손가락 하나 건들 수 있었겠는가. 그 치욕과 모멸감은 지금도 잊히지 않는다. 학교에서도 아이들이 "서모가 왔다며?", "어머니가 둘이라며?" 라고 물어보는가 하면 뒤에서 뭐라고 소곤대며 킥킥거렸다. 나는 그 시기 그 순간을 빨리 벗어나고만 싶었다.

어머니는 감정을 내보이지 않으시고 태연하셨다. 하지만 안 피우시던 담배를 그때부터 피우기 시작하셨다. 아마 화를 참아내느라 답답해진 속을 풀기 위한 것이었으리라. 서모가 우리와 같이 지낼 즈음 큰누이는 시집을 가고 없고, 둘째 누이는 천북초등학교로 발령받아 갔고, 셋째 누이와 형은 공부하러 대전에 나가 있었다. 집에는 어머니와 나, 서모, 서모가 데리고 온 명애와 명옥이, 그리고 후에 서모의 몸에서 태어난 현자와 준빈이, 미경이, 옥경이가 있었다. 이들 서형제는 아버지가 한국에 있으면 설움 받는다고 미국에 있는 그들의 이모 댁으로 보냈다. 누이들에겐 돈 한 푼 주지 않아 온갖 고생을 하고 있는데 둘째 부인에게서 태어난 아이들은 논밭을 팔아 미국 유학을 보냈으니, 우리로서는 남보다도 못한 아비였다.

서모는 나와 사이가 좋고 나쁜 것도 없이 서먹서먹했는데, 불편하지 않게 다정히 대해주었다. 나중에 얘기를 들어보니 전 남편이 바람을 피워 이혼하고, 애들을 먹여 살릴 수 없어 살기 위해, 재취로 들어왔다고 한다. 성품이 모진 사람이 아니었고 일제강점기 살기 어려울 때, 부모님 따라 만주로 여기저기 돌아다니다가 왔기 때문에 만주어와 일본어 등을 하던 분이었다. 군인 가족이었기 때문에 동네 사람들과 잘 어울려 지냈다. 아버지와는 맨 처음은 잘 맞는 듯했지만, 그 성격을 맞출 수 없어서 고생을 많이 했다. 딸 셋과 아들 하나를 낳고, 암으로 투병하다가 49살의 나이로 돌아가셨다.

서모가 병을 앓는 기간 나는 군에 있었는데, 제대하고 와 보니 집안은 서모의 암 치료 등으로 심란한 상태였고, 어머니는 그 병수발을 해내시느라 더 수척해져 계셨다. 서모가 돌아가실 때까지 어머니는 서모에게 얼굴 붉히거나 화내는 일 없이 늘 편안히 대해주셨다. 서모도 어머니께서 말씀이 없으시고 뭘 하라고 시키지도 않으니까 나름대로 공손하게 대했다. 어머님께 잘못 대하면 동네 사람들의 입살에 온전하지 못하니, 말썽 없이 지낸 것 같기도 하다.

아버지에게 시시때때로 욕을 듣고 매를 맞고 사셔도 어머니는 아버지를 한결같이 섬겼으며, 우리뿐만 아니라 주위 사람들 모두를 다 챙기고 품으셨다. 어머니는 워낙 마음이 좋으셔서 아래댁 사랑방 하나를 얻어 생활하는 아들네에 얹혀 사는 춘식이 할머니를 우리 집에서 자주 재우셨다. 어머니는 따뜻한 아랫목을 그 할머니에게 내어주시곤 차가운 윗목에서 주무셨다. 우리 집 대청마루는 워낙 넓어 여러 사람이 모여 앉아 쉬기 좋은 자리였다. 낮에 여자 마실꾼들이 자주 드나들었고, 방물장수들이 쉬어가는 곳이기도 했다. 어느 때는 경상도에 큰 역병이 들어 거지들이 떼를 지어 다니며 얻어먹으러 다니는 때였는데, 우리 집에서 밥만 먹여달라, 식모 노릇 할 테니 머무르게 해달라고 하소연하며 버티는 사람들도 있었다. 큰누이도 살기 어려워 1년 동안 친정살이하면서 고생 많이 했고, 서모 남동생 식구들도 1년여 우리 집에서 살다가 얼마 뒤 아버지께서 황골에 있는 땅 열 마지기를 팔아 그 대금으로 미국으로 이민을 보냈다.

어머니가 남을 생각하는 마음은 어릴 적부터 알 수 있었다. 매일 아버지한테 가서 쌀을 받아왔던 그 시절, 우리 식구들 밥 해 먹기에도 빠듯한 양이었건만 그 쌀을 더 어렵게 사는 이웃 예분이 집에 나눠주곤 했다. 어머니의 그 마음을 생각하면 눈물이 앞을 가린다. 마을 사람들에게 보살님, 부처님이라 불렸고, 때론 바보천치 소리도 들으신 어머님. 늘 다른 이를 위해 희생하고만 살아오신 어머님. 아버지 밑에서 평생 지옥 같은 생활을 하셨던 어머님……. 어머님은 내가 지켜보는 가운데 1987년 2월 5일에 돌아가셨다. 그때 대전여자고등학교에 근무하고 있었는데 "어머님께서 위중하시다. 집에 왔으면 좋겠다"라고 형님댁에서 전화가 왔다. 학교와 형님 댁이 가까운 거리여서 급히 도착해 보니 운명 직전이었다. 숨을 가쁘게 쉬시며 나를 보고 웃으시더니 바로 눈을 감으셨다. 돌아가시기 전 언젠가 나에게 "지금 같으면 백번이라도 도망갔을 텐데, 그 압박 속에서 산 것은 너희들 때문."이라고 술회한 바 있다.

어머님의 일생을 보면 애처롭기 그지없다. 아버지 잘못 만나서 평생 온갖 고생과 수모를 당하셨으니 얼마나 고통이 많으셨을까! 내 나이가 6살 전후로 생각되는데, 당시 어머님 연세가 40대 초반이었음에도 이가 다 빠져 식사를 오물오물할 정도였다. 얼마나 불편하셨을까! 아버지는 어머니의 그 상황을 알면서도 매일 매일 괴롭히기만 하셨다. 어린 나도 이건 아닌데 싶었고 상식적으로 도저히 이해할 수 없었다.

어머니를 보내고 나서 내내 마음에 걸리는 건 어머님께 틀니 하나 못해 드린 것이다. 그때 형과 나는 직장 초년이라 정신없이 지내느라 신경 쓸 겨를도 여유도 없었다. 하지만 어떻게든 해드려야 했다. 지금도 어머니를 생각하면 눈물이 나고 어머니의 불쌍함이 가슴에 맺혀있다. 그 안타까움을 어머님 무덤 앞의 묘갈에 새겨 놓았다. 그 안에 살아서 고생고생하며 갖은 치욕을 겪으며 지옥에서 지냈지만, 사후에라도 천국에서 사시라는 내 간절한 염원을 담아 놓았다.

가여운 누님들

우리 다섯 형제자매는 어머니를 닮아 머리가 좋았다. 그 좋은 머리로 제대로 공부했으면 뭐라도 했을 텐데 그렇지를 못했다. 아버지는 돈이 많은 부자면서도 자녀들의 학비를 주지 않으셨다. 등록금을 내지 않아 1년에 반은 등교정지를 당하는 등 제대로 학교생활을 하지 않았는데도 당시 큰누님과 셋째 누님은 대전여고에서 중상위를 했고 둘째 누님은 사범학교에 진학할 정도로 성적이 좋았다. 학비는 물론 그 이후로도 내내 돈 한 푼 지원해 주지 않아, 거의 천애 고아처럼 살았다. 다만 근검절약하는 근성은 물려 주신 덕에 악착같이들 살았는데 일이 잘 안 풀렸다. 타고난 머리가 있었고 열심히 살려는 의지가 있었음에도 말이다. 어쩌면 광폭한 아버지로부터 받은 설움과 배신감이 우리 형제의 가슴 깊이 아픈 상처로 남아 있었기 때문일지도 모르겠다.

큰누님은 나와 열일곱 살 차이가 나는 어머니와 같은 분이었다. 친구 난수 어머니와 나이가 같았다. 내가 7살 때 시집갔으므로 같이 살던 기억이 없다. 큰누님은 큰집 마구간에서 태어났다. 그때는 할아버지 댁에서 아버지 형제들이 모여 살고 있을 때라 부청댁 숙모님도 같은 해에 배불러서 효빈이 형님을 비슷한 시기 출산하셨는데, 한 집에서 아이가 같이 태어나면 안 된다는 불문율이 있었나 보다. 부청댁 효빈 종형보다 1주일 뒤에 태어난 큰누님은 그런 말도 안 되는 논리로 집안이 아닌 밖인 마굿간에서 태어나야만 했다. 그런 서글픈 출생을 한 장본인인 누나는 자신이 예수와 고향이 같다는 농담을 하곤 했다.

"나는 태어나서 지금까지 한 번도 아버지를 아버지라고 불러본 일이 없어. 어려서의 기억인데 아버지는 나를 밭에다 내동댕이치고는 '죽어라, 죽어라.' 해서 도망 다니기에 바빴지. 왜 그러셨는지 이유도 몰라. 특히 나랑 계숙이, 견석이 우리 세 자매는 아버지 때문에 늘 공포의 도가니 속에서 살았다니까. 너네 남자들은 아버지에게 그래도 우리보다는 덜 당한 거야."

아버지라고 한 번도 부른 적이 없다는 큰누님은 학교 다닐 때는 등록금을 주지 않아 학교도 월반 하면서 겨우겨우 다녔다. 고등학교를 졸업하고 부청댁에 계시는 할머니를 수발하다가 친척의 소개로 매부를 만나 혼인했다. 그때 누님은 삶의 도피처로 혼인을 결정했던 것 같다. 시집갈 때 이불 한 채는커녕 양말 한쪽도 못 들고 갔지만 매형은 맨몸으로 온 누님을 탓하지 않았는데 그게 그렇게나 고맙더란다. 평생 큰소리 안 내고 든든하게 지켜

준 매부의 덕에, 친정에서 아버지에게 사람대접 못 받고 구박만 받은 설움을 풀 수 있었단다. 평생 돈 한 푼 안 벌어온 매형을 원망하지 않고, 경제적 책임을 지며 살아온 이유는 언제나 누님을 사랑해 준 그 마음 때문이었다. 생활은 어려웠지만 마음은 편했다는 누님은, 태생적인 근검과 부지런함으로 달동네에서 평생을 살았어도 주머니에 돈은 늘 떨어지지 않았다고 한다. 매부께서는 "저 사람은 이 동네 금고야."라는 말씀을 하시곤 했다.

어느 날 큰누님은 자신의 이름을 승빈에서 성빈으로 바꾸셨다. 나는 '이룰 성成'인데 누님은 '성인 성聖'자였다. 우리 집에서 그나마 내가 잘 풀리며 사니까 그렇게 바꾸셨다는 거다. 한 10여 년 전쯤 우리 집에 한번 와 보시고는 오송에 있는 자기 집으로 초대하셨다. 그때 이런 말씀을 하셨다.

"내가 어려웠던 시절 끼니도 해결하지 못하고 식량이 떨어졌을 때 네가 왔던 적이 있었어. 너에게 밥을 해주자니 우리 애들이 굶겠고, 그래서 내가 아픈 척하고 너를 돌려보냈지. 지금 너만 보면, 그때 그냥 돌려보낸 것이 너무 마음에 걸리네. 죽기 전에 밥 한번 차려주고 싶은데 우리 집에 한번 점심 먹으러 와."

여든셋인 누님에게 무리일 것 같아 제안을 사양했지만, 그 고집을 꺾을 수가 없어 우리 내외가 찾아가 진수성찬을 대접받은 적이 있다. 목이 메이게 감사한 자리였고 정이 담긴 맛있는 식사였다. 누님께서 이제야 마음이 편해졌다며 좋아하셨다. 큰누님은 말년을 제일 건강하시고 편안하게 지내고 계신다. 매일매일 끼니를 걱정해야 했던 지독히도 어렵던 세월을 잘 버티시면서 자녀들을 사랑으로 돌봤기에 그 복을 지금 누리고 계신 것 같다. 누님은 청주에서 큰딸 애리네 집으로 거처를 옮긴 4개월 후에 고종명하셨다.

둘째 누님도 큰누님 못지않게 생활력 강한 사람이었다. 어찌어찌 갖은 고생을 하며 사범학교를 졸업하고 보령군 천북초등학교로 발령받아 나갔는데, 그때 첫 부임지에서 매형을 만났다. 매형을 사윗감으로 소개하려 집에 인사하러 온 누님은 아버지에게 굴욕적인 대접만 받고 쫓겨났다. 어떻게 상것하고 놀아나냐고 아버지가 노발대발하신 것이다. 그렇게 수치스러운 대접을 받아도 그래도 친정이라고 혼인한다고 연락은 했는데 아버지가 엄포를 놓는 바람에 식구들 모두 갈 수 없었다. 오로지 큰댁의 좌빈 형님만 참석했을 뿐이다. 결혼식장에도 못 가본 둘째 딸이 보고 싶으셨던 어머니는 어느 날 어린 나의 손을 잡고 산길을 걷고 버스를 타고 물어물어 보령 천북국민학교로 누님을 찾으러 간 적이 있다. 하지만 둘째 누님은 매형이 문전박대당한 그 뒤로 다시는 집에 오지 않았다. 물론 아버지 돌아가셨다는 연락이 닿아도 오지 않았다.

그렇게 친정과 절연한 채 위로는 부모를 모시고 아래로는 아이들을 키우며 학교에 나갔던 누님에게 매형이 몹쓸 짓을 했다. 여자를 얻어 나가 살게 된 것이다. 그래도 누님의 삶은 변하지 않았다. 시어머님을 봉양하였으며 자식을 위해서는 물불 가리지 않았다. 그 시절 그런 족속들이 많았다. 여자들이 참 살기 힘든 시절이었다. 둘째 누님은 지금은 어디서 무얼 하고 사는지 소식이 끊겨 알 수가 없다.

막내 누님을 생각하면 제일 먼저 떠오르는 것이 아침마다 문을 활짝 열어젖히고 이불을 털어 환기시키던 적극적인 모습이다. 세 분의 누님이 계시지만 위에 두 누님은 나이 차이가 커서 접촉할 기회도 없었고, 셋째 누님과 추억이 많다. 누님이 대전여고 다닐 때, 질티고개를 걸어 학교에 다녔다. 누나는 노래를 잘 불렀다. 나는 학교 갈 준비하느라 바쁜 누님을 붙잡고 노래를 불러 달라고 치근덕거리곤 했는데 그러면 등교 준비로 바쁜 그 와중에도 '올드 블랙 조'나 '스와니강'을 불러주시곤 학교 갔다. 지금도 그 노래는 누님의 목소리로 내 뇌리에 살아있다. 늦게 머리가 트여서인지 학교 들어가서 겨우 글자를 깨치게 되었고 왼손으로 글씨를 썼는데 그걸 교정시켜 준 분도 셋째 누님이시다.

막내 누님 역시 아버지에게 너무 많은 핍박을 받아 마음의 상처가 있었으며 대전여고를 나오고도 도와주는 사람도 없고 일이 잘 안 풀려 친척 집에 일해주러 가는 등 서울로 홀로 올라가 고생이 많았다. 고등학교 졸업 후 서울 친척 집에 있는 누님을 만나러 간 적 있다. 그때 무척 힘들어 보였던 누님 얼굴이 눈에 아련하다. 나를 보고 "너는 무조건 공무원이 돼라."라고 조언해준 것도 기억난다. 그런 누님이 일만 하고 살다가 고독사했다. 결혼도 하지 않아 아무도, 돌봐주는 이 없이 혈혈단신으로 단칸방에서 살다가 말이다. 장례는 큰댁 당질과 아랫댁 용석이와 함께 용

미리 화장장에서 지내주었다. 아버지를 잘못 만나 갖은 고생 하다가 돌아가신 불쌍한 우리 누이! 대전으로 체백을 모시지 않은 것이 한이 된다. 나는 지금도 누님이 천국에서 영혼이라도 편안히 계시라고 기도한다. 누님을 생각하면 지금도 눈물이 나고 내 가슴이 시리다.

기본적으로 본바탕이 머리가 좋은 우리 형제들, 누님들도 머리가 좋아 여건이 좋지 않음에도 불구하고 한밭여중을 나와 대전여고에 들어갔다. 집에서 뒷받침만 해주었다면 잘 되었을 텐데 아쉽기 짝이 없다. 누님들은 가끔 어머니는 그래도 우리보다 나았다고 밥은 먹고 살 수는 있었지 않았냐고 했다. 배곯는 서러움이 얼마나 컸으면 어머니가 두들겨 맞고 폭언을 듣고 해도 자신들보다 낫지 않았냐고 했을까. 나로서는 섭섭한 이야기지만 그 말을 곱씹어 보니 누나들이 얼마나 먹고살기 힘들었으면 그런 말을 했을까 싶다.

형님은 우리 중에 머리가 가장 좋았다. 대전중학교에 입학할 때 20등 안에 들었던 수재다. 그러나 형님 역시 아버지의 광기에 마음의 상처가 깊었는데 어쩌면 우리 중에서 아버지에게 가장 많이 당한 사람일지도 모른다. 아버지가 뭐라고 하실 때 나는 요리조리 빠져나가기도 하고 꾀도 부렸지만, 형은 늘 반항도 하지 않고 쏟아지는 폭언과 폭행을 고스란히 받았다. 언젠가는 아침 등굣길에 아버지에게 차비가 필요하다고 말하다가 마루 위에서 날아오는 고무신을 맞은 적도 있다. 가만히 서서 맞고만 있는 것을 본 이웃집 석주형이 "성빈이처럼 좀 도망이라도 가지. 왜 그리 미련하게 그대로 맞고 서 있는지 참 답답하다."라고 한 것이 기억난다.

아버지의 구박을 묵묵히 감내했던 형은 대전중학교에 다니던 때 아버지에게 크게 반항하며 가출했다. 집을 나가서 몇 달 동안 아무 소식이 없어도 아버지는 눈 하나 깜짝 안 했다. 그런데 그때 맘 졸이며 고생한 사람은 바로 어머니였다. 어머니는 행여 형이 퇴학을 맞을까 봐 부지런히 학교로 오가며, 선생님들께 부탁하고 사정하며 형 대신 출석하셨다. 한 시간 반이나 되는 길을 왕복으로 다녔으니 하루 반나절을, 아들을 위해 걸어 다니신 거다. 이제나 저제나 형을 기다리셨던 어머님은 동네 용하다는 점쟁이를 찾아가기도 하셨는데, 정말 용하게도 곧 돌아온다는 말을 듣고 나서 얼마 후 형이 집으로 돌아왔다. 몇 달 동안 밖으로 떠돌던 형의 몰골은 가관이었다. 옷은 남루하기 짝이 없었고 제대로 먹지 못해 얼굴도 반쪽이 되었다. 어디 곳곳을 떠돌며 구두닦기도 하며 밥벌이하며 그렇게 떠돌아다녔다는 거다. 그때를 회상하며 하룻밤 지내는 것이 3년 같았다고 말한 적이 있다. 제대로 한번 반항해 본다고 집을 나갔다가 큰 고생 하고 돌아온 거다.

폭력적인 아버지가 준 마음의 상처는 5남매의 인생과 가정 문제에 보이지 않게 영향을 끼쳤다. 어찌 보면 5남매 중 나만 정상적이고, 형제들이 다 문제가 있어 자력하지 못하고 어렵게 생활하고 있다. 또한 누님들이나 형님이 사는 게 어려우면 나에게 불만을 토로했다. 그 외 당내간에 소통하는 일은 나의 일이었다. 이복동생들도 문제가 생기면 내게 편지를 보내고 전화하며 푸념했다. 이런 가족 간의 문제는 잘 풀리지도 않을뿐더러 내게 가장 무거운 짐이었다.

도련님 왕따

나는 명문가의 자손으로 요즘 말로 속칭 금수저로 태어났다. 동춘당 문정공 11대손으로 9대조는 송월당공 병익이며, 8대조 요필, 조부는 시종공 종국이시다. 조부께서 고종황제 때 세자시강원 시종관 겸 상례에 제수되고 통정대부에 오르신 분으로 벼슬은 정3품으로 높은 자리였다. 조부님은 일제 강점기에 총독부에서 수많은 관직의 유혹과 영친왕을 수행하여 일본으로 가라는 명령을 거부하고, 고향으로 돌아와 초야에 묻혀 학문에 열중하며 1918년 동명 사립학교를 세우셨다고 알려져 있다. 창씨개명도 끝까지 거부하시고 의연히 버티셨는데, 그런 가문의 후손이었으니 당연히 은진송씨라는 무게가 있었던 거고, 매사 조심하지 않을 수가 없었다. 할아버지는 면과 마을의 지주셨는데 동네 절반이 우리 집안 땅을 경작해서 먹고살았다. 박경리 토지의 최참판댁같이 동네의 가장 위에 있고 밑에 마름이나 행랑 머슴들이 사는 곳이 마을의 반 이상이었다. 그래서 70년대까지 동네에 나가면 도련님 소리를 들었는데 그게 그렇게 불편하고 싫었다.

50년대 말 60년대까지만 해도 설날 정초가 되면 어린아이나 어른들이 동네 어른을 찾아 새해 인사를 하는 풍습이 있었다. 새해 인사를 가면 재수가 좋으면 세뱃돈도 얻고, 기본적으로 다과를 대접받는데 그게 좋아서 동네 또래들과 가봤는데 어쩐지 불편했다. 일단 세배 다니는 자체를 아버지가 싫어하셨고, 몰래 친구들을 좇아간다 해도 동네 어른들이 내가 오는 것을 부담스러워하셨다. 다른 아이들처럼 편하게 대하실 수 없었던 것이다. 남들은 다 같이 어울려 다니는데 거기에 끼지 못하고 어떻게 해야 하나 눈치를 보아야 하는 처량한 신세였다. 설령 가더라도 재미있게 허심탄회하게 또래들끼리 어울리지 못하니 모든 것이 왕따였다. 친한 아이들과 여름에 수박이나 참외 서리를 하다가 걸리면 다른 아이들은 혼내도 나는 예외였다. 할아버지의 손자이니 야단치실 수가 없으셨던 거다. 밖에 나가면 도련님이지만 실제로 도련님 왕따였다. 그것은 어린 날의 가장 가슴 아픈 추억이다.

친구들과 다른 처지에 있었기에 편하게 어울리지 못해 외톨이였던 상황에서 아버지라는 존재는 나를 더욱더 의기소침하게 만들었다. 언제 아버지의 불호령이 떨어질지 모르는 긴장감 속에서 늘 주눅들어 있었으며 경제적인 지원을 잘해주시지 않아 늘 빈궁하게 지냈다. 옷도 가장 허름하게 입고 다녔다. 도련님이라는 소리만 들었지, 실은 거지보다 더 못했던 거 같다. 어려서 아버지의 큰 소리가 나면 그 소리가 듣기 싫어 큰집이나 친구들의 집으로 피했는데 동네 같은 또래의 마름 아들이라든지 행랑집 사람들, 재실 산지기 아이들의 생활이 우리보다 훨씬 더 나았다. 가서 보면 부러울 만큼 우리보다 더 잘 먹고 풍요로운 생활을 하고 있었다. 그들의 집에 가면 참외 철에는 참외가 있고 수박 철에는 수박이 있었다. 영주네, 친구 병욱이네, 담뱃집 수재네 집에도 자주 놀러 간 적이 있는데, 놀다 보면 때가 되어 밥을 먹곤 했는데, 다들 우리 집보다 훨씬 더 잘 먹고 지내는 것이었다. 그럴 때면 아버지가 원망스러웠다. 배불리 밥을 먹게 하신 것도 아니고, 그렇다고 따뜻한 말 한마디 해주신 것도 아니다. 하시는 거라곤 식구들에게 버럭버럭 화를 내며 어머니와 우리 형제자매들 기죽이는 것밖에 안 하신 아버지가 무척이나 원망스러웠다.

명절 때 남의 집에 가서 세배하고 돈 받는 것 말고 내가 부러워했던 게 또 있다. 바로 소 꼴 베고 나무하러 다니는 것과 잔칫날 같은 때 상 날라다 주고 용돈 받고 그러는 거다. 친구들이 다 하는 걸 나는 할 수 없었다. 이런 다양한 경험들이 없어서 나는 일머리가 없고 기획력이 부족하다. 어떤 상황이 닥치면 바로 처신 못 하고 어리바리하다. 교직에 있었으면서 교장직에 도전하지 않은 건 향토사 공부를 마음껏 자유롭게 하고 싶어서이기도 했지만, 사실 마음속 깊은 곳에는 일머리가 없기에 교장직을 잘 해낼 수 없을 것 같은 두려움도 있었기 때문이다. 어릴 적 결핍으로 스스로 장벽을 세워놓고 그 안에서 주눅이 들어버린 부끄러운 자화상이다.

온 동네가 놀이터

60년대 시골은 어린애들이 많았다. 우리 마을도 예외는 아니어서 집집마다 비슷한 또래들이 있었다. 도련님 왕따로 살았지만 그래도 순간순간 아이들과 온 동네 산과 들을 뛰어다니며 재밌게 뛰어놀던 순간들도 있다.

여름이면 동네 친구 병욱이 영주 등과 함께 밤에 횃불을 만들어 주원천이 있는 강변에 나가 물고기를 잡았다. 그것을 들고 병욱이 집에 가면 형수님이 매운탕을 끓여 주어 맛있게 먹었던 추억이 있다. 어느 때는 동네 앞 강변에서 시작하여 은골 앞, 달개미까지 가서 물고기를 잡았다. 밤늦게 어른들 몰래 소주를 먹으며 매운탕을 먹던 그 추억은 지금은 재현하기 어렵다. 당시 개울물은 오염이 안 되었기 때문에 가능했는지 모른다. 여름방학이 되면 몰래 남의 참외밭에 들어가 참외 서리를 해 먹었다. 어느 땐가 나는 서리를 해서 참외 대여섯 개를 먹은 적이 있다. 지금 생각해보면 우리가 서리하는 것을 참외 막에 있던 주인은 알고 있었는데 알고도 모른 척한 것 같다. 그다음 날 동네 아이들이 참외 서리했다는 소문이 퍼졌기 때문이다. 당시 어른들은 이렇게 알고도 모른 척 배려하는 경우가 많았다. 늦가을이면 벼를 베고 난 논에 통통한 미꾸라지가 많이 있었는데, 동네 친구들과 어울려 미꾸라지를 잡아 오는 재미 또한 쏠쏠했다. 겨울에는 아이들이 모여 황새를 닮은 황새바위에 나가 토끼사냥도 하고 그 밑에 불을 피워 언 몸을 녹이기도 했다. 또 어느 때인가 청풍공 산소를 관리하는 재실에 사는 산지기 이장님 조씨 아저씨가 있었는데, 우리가 산소 부근에서 불놀이하다가 산소 잔디를 태우기도 했다. 이장을 오래 하신 인자하신 조씨 아저씨는 산소 잔디를 태워 겁에 질려있는 우리를 아주 조금만 야단치신 것 같다.

비석치기, 딱지치기, 땅따먹기 놀이 들을 많이 했는데 서로 놀다 보면 남녀 가릴 것 없이 같이 어우러져 놀게 되기도 했다. 특히 인원수가 많아야 재미있는 숨바꼭질이 그랬는데 숨고 찾는 과정에서 은밀한 곳에 숨어있는 여자아이들과 손을 잡거나 안거나 하는 일들도 있었다. 평소 마음에 들었던 여자아이가 구석진 나무 둥치에서 숨어있는 것을 보고는 손을 꼭 만지며 찾았다고 한 추억이 새롭다. 마음 같아서는 한번 안아보고도 싶었으나 숫기 없는 나는 그런 생각을 한 자체만으로도 얼굴에 열이 올랐다. 당시 어려웠던 시절이기 때문에 초등학교 다니다가 학교를 그만두고 돈을 벌려고 도회지로 떠난 경우가 태반이었다. 졸업하면 아가씨들이 도시로 식모살이 떠나고, 공장으로 갔기 때문에 만나려 해도 만나지 못한 아쉬움이 많았다. 훗날 머슴애 하나 데리고 와서 혼인해 어디론가 떠나버린 바람에 지금까지 얼굴 한번 보지 못한 여자 친구들이 많다. 술래잡기할 때, 두근거리는 마음으로 나무둥치로 가서 손 꼭 잡아봤던 그 여자아이는 지금 어디서 무얼 하고 지낼까? 가끔 떠오르는 그리운 얼굴이다.

집안의 제약 때문에 몰래 밖으로 나가 놀았지만 깊은 우정을 쌓은 친구들이 있다. 잠부공파 재실에 사는 석재와 석칠이 두 형님이 계셨다. 그 형님 댁에 가면 축음기가 있어 유행가도 들을 수 있었고, 두 형님 주선으로 매년 봄철에 우리들은 고봉산 밑으로 천렵을 떠났다. 이날 참석하는 애들은 쌀을 조금씩 걷어 동태 등 특별음식을 준비해서 간단히 술도 마시고 재미있게 하루를 즐기고 내려왔다. 늦가을이 되면 우리 남녀 또래 아이들이 그 형님 댁 사랑에 모여 화투치기 놀이를 하면서 여자애들 팔목도 때리고 어느 때는 벌칙으로 과자 사내기 등을 하였다. 공부하다가 머리 아프면 몰래 집을 빠져나와 재실 집에 가면, 남녀 애들이 모여 놀고 있어서 공부는 안 하고 놀기에 탐닉했다. 거기에 가면 여자애들도 있으므로 여자들을 보기 위해 수시로 놀러 갔다. 이성 간에 미묘한 감정에 눈을 뜨기 시작했는지도 모른다. 성격이 내성적인 나는 그 형님들 덕분에 사회생활과 이성에 관한 관심이 싹트기 시작하면서 여성에 대한 그리움 등 감정이 살아나고, 그 과정을 통해 서서히 사람과의 관계, 사회에 적응하는 기폭제가 된 것 같다. 지금은 그 두 분 형님이 돌아가셨지만, 그 아름다운 추억을 만들어준 형님들께 감사할 따름이다.

또, 마을 같은 동급생으로서 공부를 잘하는 김병권이라는 친구는 학교에서나 마을에서 나를 많이 돌봐주었다. 나는 수시로 옻이 올라 학교에 결석을 많이 했다. 잦은 결석 때문에 교과 진도를 따라가지 못해 숙제를 내면 모르는 것이 많았다. 그것을 같은 반 병권이가 해결해주었다. 병권네 집안은 6 · 25 때 경상도에서 피난 떠나와서 큰집 아래서 큰집 일을 돌보는 행랑집이었다. 집안이 어려웠음에도 공부를 열심히 하여 담임으로부터 신임을 받는 친구였다. 음악 악보 보는 숙제를 내면 나는 전혀 모르는데 그 친구는 악보도 잘 보고 숙제도 잘해 나는 그 친구 집에 가서 노트를 빌려 숙제를 베껴가곤 했다. 초등학교 6학년 때쯤으로 기억된다. 전에 있던 지평공 재실 산지기의 아들이 문제가 있어 쫓겨나고, 대신 큰집의 신임을 얻은 병권네 집이 재실의 산지기로 들어갔다. 재실 집은 넓고 놀기 좋았다. 지금의 마산동에 있는 류조비 재실 집보다 넓었다. 시간만 되면 그 집에 가서 놀았다. 어느 가을날인가 저녁때 그 친구 제의로 고려극장에서 '동백 아가씨' 영화를 한다고 구경을 가자고 해서 질티 고개를 넘어 영화를 보고 밤늦게 질티 고개를 넘어 다시 집으로 왔다. 생전 처음 본 영화로 지금도 그 영화의 장면이 떠오를 정도로 획기적인 문화적 충격이었다.

그 뒤 그 친구와 같이 시내 영화관에 가끔 간 추억이 새롭다. 국민학교 졸업 후 친구는 집안이 매우 어려워 중학교 진학을 포기한 후, 당시 신안동 우빈 종형님이 도청 문정과장에서 연기군수로 부임함에 따라, 종형님의 도움으로 연기군청의 소사로 들어갔다. 그 친구는 자존심이 강해 자기 집이 재실 산지기라는 것을 항상 치욕으로 생각했고 '이놈의 재실 산지기를 빨리 때려치워야 할 텐데.' 하는 말을 입버릇처럼 되뇌곤 했었다. 친구는 너무 일찍 철이 들어서인지 몰라도 독립해야겠다는 신념으로 소사 생활 1년을 버티다가 중앙극장 앞에 있는 라디오 방에 기술을 배운다고 점원으로 들어갔다. 그곳에서 통신강의록을 들으면서 나름대로 큰 노력을 했다. 그러나 세상일이 뜻대로 될 리 있겠는가?

아무튼 그 친구가 라디오 방에 있을 때, 내가 그곳에 들리면 짜장면을 사주었다. 당시 짜장면 한 그릇 값이 20원이었다. 어찌나 맛이 있었는지 그 맛의 추억을 잊지 못한다. 그만큼 그 친구는 정이 많은 친구였다. 지금 생각해보면 내가 철이 없어도 너무 없었다. 벼룩의 간을 내어 먹는 짓이지 그 친구한테 못 할 짓을 한 것 같다. 그 뒤 생활반경이 서로 달라 만나지 못하다가 1984년에 친구가 초등학교 동창회 가입하라고 권유하여 같이 나갔다.

친구는 산지기를 면하기 위해 계룡건설에 들어갔으나, 회사 봉급으로는 집안이 자립하기가 어렵다는 것을 느끼고, 더 빨리 돈을 벌겠다고 회사를 나와 개인택시 운전으로 승부를 걸었다. 그러나 밤잠을 거르면서 휴식을 취할 겨를도 없이 밤늦도록 무리하게 운전하다가, 공설운동장 부근 산내로 가는 새로 난 도로에서 트럭과 정면 충돌사고로 1985년 34살의 나이로 아깝게 생을 마감했다.

병권이는 나에게 여러 가지를 챙겨주어 각별함을 느꼈던 친구다. 지금도 가난을 면해보려고 발버둥치며 치열하게 살았던 그 친구 생각을 하면 눈물이 난다. 내가 서산 부석면 대두리에 살 때, 그 친구가 아들을 데리고 우리 집에 와 돈을 빌리러 온 적이 있었다. 후에 돈을 갚아준다는 계약 날이 다 되어도 갚지 않아, 내용증명을 보내는 등 독촉해서 빌려준 돈을 받은 적이 있다. 내가 그 친구에게 받은 은공을 생각하면 그렇게 야박하게 대할 처지가 아니었다. 철이 없어 그 친구에게 그렇게 처신했던 내 행동이 지금도 마음에 걸린다. 무겁고 죄스러운 마음 금할 수 없다.

존재감 없는 학생

나의 학창 시절은 별로 떠올리고 싶지 않다. 학교생활을 충실히 못 했기에 적응하기에도 바빴고 좋은 추억도 별로 없기 때문이다. 어머니 말씀에 의하면 내가 세 살 때는 홍역을 앓다가 죽다 살아났다고 한다. 그래서 몸이 약했다는데 이후 몇 번 옻이 심하게 올라 학교에 못 나간 적이 많았기에 공부를 따라가는데 애를 많이 먹었다. 게다가 어릴 때는 또래들보다 늦되어서 뭐든 다 뒤처졌고 특별히 잘하는 게 아무것도 없었다.

뭐 하나 잘하는 것 없고 공부도 그저 그런 나는 학교에서 존재감 없는 아이였다. 옻이 올라 결석을 자주 하는 아이쯤으로 알려졌을까? 그 외에 별 특별한 것이 없어 선생님들이나 친구들에게 특별히 기억에 남는 학생이 아니었을 것 같다. 그때를 떠올려보면 몇 가지 일들이 생각난다.

5학년 사회시간이었는데 담임선생이 일본 징용 징병에 관해 애기했다. 일본에 징용 갔다 온 부모님이 있느냐는 질문을 하셨고 많은 애들이 손을 들었다. 그 말이 무슨 말인지 몰라 어찌할까 하다가 애들이 손을 들기에 나도 따라 들었더니 "너는 내려!" 라고 말씀하시는 거다. 그 후 그 담임선생은 은근히 우리 집안에 대한 비꼬는 듯한 애기를 했던 걸로 기억된다. 일본의 강제징용을 거부한 소신이 있는 우리 집안이었지만 당시 담임선생은 우리와 다른 생각을 가지고 계셨기에 우리에 대한 편견이 있으셨고, 그것을 알았기에 괜히 눈치를 보며 지냈던 일이 있다. 그런데 그 해 경주로 수학여행을 다녀온 적이 있는데 선생님에게 난생 처음 칭찬을 받게 되었다.

당시 새벽에 학교에서 모여 세천역까지 걸어가 완행열차를 타고 경주 유적을 탐방했다. 경주에 대한 별다른 지식은 없었지만, 처음으로 멀리 가본 곳이 경주였고 신라 고도의 운치 있는 정경은 어린 마음에도 무척 인상적이었다. 넓은 세상이 있다는 것을 처음 느껴보고, 내 시야를 발돋움할 수 있었던 사건이었다. 그때 세천역에서 경주까지 정차하는 모든 역 명칭을 기록했던 기억이 있다. 홍익회의 여러 간식을 판매하는 모습, 대구 능금, 찐 달걀, 양갱 등 각종 과자와 음료수, 당시 차창밖에 펼쳐지는 대구 능금 밭, 새벽에 석굴암에서의 해돋이, 불국사, 대릉원, 김유신 장군묘와 무열왕릉 등의 기억이 생생하다. 처음으로 내 살던 동네를 떠나 세상 밖으로 나온 여행이었으니 얼마나 신기하고 경이로웠겠는가.

수학여행 기념품으로는 어머니를 위해 바느질할 때 쓰는 자를 선물로 사고, 나를 위해서는 경주 유적 도록을 산 기억이 있다. 여행 다녀오고서 담임선생이 여러 학생 앞에서 "송성빈은 용돈을 거의 쓰지 않고, 기념품으로 어머니를 위한 자를 샀다."라며 본받으라고 칭찬하신 기억이 난다. 지금도 미스터리인 것은 담임이 어찌 내가 산 물품까지 알고 있었나 하는 거다. 귀신이 곡할 노릇이다. 당시는 내가 한 행위가 들켰다는 사실이 별로였고 창피하기까지 했다. 하지만 나를 좋지 않게 생각했던 선생님에게서 칭찬을 들으니 한편으로 기분이 좋기도 했다. 돈을 별로 가지고 가지 않았지만 나를 위해 먹고 싶은 것을 사 먹지 않고 도록과 어머니의 바느질 자를 산 이외 나머지 돈은 그대로 가지고 왔다.

이후 학창 시절에 아버지가 수학여행을 보내주지 않아 수학여행을 가본 적이 없다. 6학년 때는 수학여행으로 서울 구로 산업박람회와 인천 자유공원 등을 갔었는데 나는 아버지가 돈을 주시지 않아 참석하지 못했다. 그때 친구들과 함께 가보지 못한 아쉬움과 고등학교 2학년 때의 설악산 여행에 참여하지 못한 아쉬움은 기억의 뇌리에서 사라지지 않았다. 이후 어른이 되어서 전국 산과 유적을 찾아다니면서 어렸을 때의 한을 풀려고 노력을 많이 했다. 하지만 그때의 아픔은 그 어떤 것으로도 치유되지 않았다.

나는 남의 시선을 지나치게 의식하고, 무슨 일이 생기면 겁부터 내는 성격이다. 그래서 재빠르게 대처하지 못하고 우물쭈물하다가 뒤처진다. 집안에서 눈치를 보며 살았기 때문인 것 같다.

언제부턴가 그런 내가 싫어졌기에 중학교에 입학하고부터는 좀 달라져야겠다고 결심했다. 먼저 말을 못 하고 남의 눈치나 보는 단점을 극복하기 위해 웅변 반에 들어갔다. 비록 예선에서 떨어져 대회에는 못 나갔지만, 준비하는 과정에서 다른 친구들의 웅변 원고를 살펴보고 웅변하는 것을 지켜도 보면서 많은 것을 배울 수 있었다. 숫기가 없어 사람들과 쉽게 어울리지 못하는 소심한 성격을 고치기 위해 친구도 적극적으로 사귀었다. 그래서 몇몇 친구들, 특히 염우균, 오효균과는 지금도 절친으로 계속 만나고 있다.

동중학교 시절, 집안 분위기상 사회과목 특히 역사 과목에 흥미를 갖고 책을 보았다. 특별히 흥미 있게 활동한 놀이라든지 그런 기억은 없지만 중고등학교 때 기차로 통학할 때, 시간이 끝나면 시민회관 3층에 있는 대전문화원에 가서 신문도 훑어보고 숙제를 할 만한 여건이 되면 그곳에서 해결했고 아예 예습 복습까지 하고 오는 날도 있었다. 집에 와서는 아버지의 큰소리를 피해 밖으로 나돌면서 공부는 하지 않고 친한 애들과 동네 주막에서 술도 마시면서 놀았다.

운동도 못하고 공부도 썩 잘하지 못하는 수줍은 아이였지만 그런 나에게도 아름다운 추억은 있다. 온 교정에 환호성이 가득하던 운동회, 드럼통을 잘라 만든 통에다 끓여주던 강냉이 꿀꿀이죽과 분유로 찐 떡을 받아먹으며 허기를 채우면서 좋아라, 하던 기억, 그리고 장마가 지면 강변에 물이 넘쳐 동네 어른들과 형님들이 업어서 건네주어 등교하던 그런 추억들이 떠오른다.

당시 우리 동명국민학교는 대덕군 내 아니 도내 명문이었다. 송순선 선배님이 1962년도에 당시 명문 한밭여중에 수석 합격하여 전국적으로 이름을 날렸다. 당시 학습 보조교재인 전과를 사면 전국 수석 합격자 사진과 모교 동명국민학교가 앞에 기록되어 있었다. 그 전과 책을 보면서 우리도 열심히 하면 저렇게 이름을 날릴 수도 있겠구나, 자긍심과 꿈을 심어 준 것 같다. 또 우리 동명은 축구 명문이었다. 동창인 방축골 살던 서상일이 주장을 하고, 사챙이에 살던 이운기가 골키퍼를 맡아 맹활약하여 대덕군 대표로 출전하여 대전공설운동장에 응원하러 갔던 기억이 있다. 그때 우리 학교에서 근무하시다 성남국민학교로 전근가신 송재환 선생님께서 동명을 잊지 못하여 성남국민학교 학생들을 데리고 와서 우리를 열심히 응원하신 기억도 난다.

생각해보면 최선을 다해 열심히 지낸 중학 시절이지만 이때도 잔병치레가 많았다. 결정적으로 2학년 2학기 때 옻에 호되게 걸려 근 반 학기를 학교에 못 갔다. 2학년 반 학기 공백이 있다보니 중3 때 60여 명을 뽑는 특수반에 들어가지 못했다. 그래도 대전고등학교 입학시험은 보았는데, 예상대로 입시에는 낙방하고 후기 보문고등학교에 입학했다.

보문고에서 흥사단 아카데미 활동을 하면서 수련회 등을 통해 좋은 황의동 선배님 등, 친구들을 만나 재미있게 보냈다. 아카데미 활동이 있는 토요일 오후가 기다려질 정도로 즐겁고 재미있었다. 그즈음 한창 나폴레옹이나 비스마르크 등의 전기를 관심 깊게 읽으며 위인들에게서 감동과 교훈을 얻기도 했는데 흥사단 아카데미 활동할 때 도산 안창호 선생에 관한 책을 읽고, 한동안 안창호 선생에게 푹 빠져있었다. 또, 숭실대학교 안병욱 교수님이 학교에 자주 오셔서 특강을 했는데 그분의 말씀을 귀담아들었다. 그분 말씀도 내 인생에 많은 도움을 주었다. 생각해보면 나는 상급학교 갈수록 발전한 것 같다. 성장하면서 아버지로부터 받은 아픔을 조금씩 탈피한 것 같기도 하다. 생활도 나름대로 꼼꼼했던 것 같다. 내 방 청소 등 나에 관련된 것은 철저히 챙겼다. 집안 사람들은 나를 아버지를 닮아 까다롭다고 평했지만 실은 그렇지 못했다.

조금씩 나의 한계를 벗어나 새롭게 다시 태어나려고 애쓰던 때가 중 · 고등 학창 시절이었다. 그리고 교정의 아름드리 느티나무 아래서 막연히 내가 좋아하는 분야의 최고 전문가가 되겠다고 생각하기도 했다. 어떤 일을 하건 열심히 해서 경제적인 자립을 하고 안정된 생활과 힘 있는 삶을 살고 싶었다. 그러나 가장 큰 바람은 가족끼리 서로 신뢰하며 사랑이 넘치는 화목한 가정을 이루는 것이었다.

마음을 나눈 벗들

중학 시절부터 나는 조금씩 달라진 것 같다. 주눅 든 채 남의 눈치나 살피는 내가 싫어졌기 때문이다. 물론 그때도 허약한 체질 탓에 옻이 올라 학교에 잘 못 나가긴 했지만, 이런저런 것을 배우며 나의 부족함을 채우려 했다. 그리고 좋은 친구들을 만나 견문도 넓히고 세상 경험도 많이 하게 되었다. 초등학교 때, 재실을 관리하던 친구 병권이네에 수시로 드나들었다면, 동중학교 시절엔 우균이가 하굣길에 벗이 되어주었으며 보문고 다닐 때는 학교 앞에 사는 광현이 집에 아예 들어가서 살기도 하였다. 외로운 내게 의지가 되었던 고마운 벗들이다.

1964년 중학교에 입학하자 앞자리에 앉아 있는 우균이와 광원, 명화, 효균이 등과 영어단어 외우기 시합하면서 친하게 되었다. 그중 우균이와는 집에 가는 방향이 같아 특별히 가깝게 지냈다. 나는 동면 주산리 줄미에 살았고 우균이는 가양동 더퍼리 포

도나무밭 속에 살았을 때였다. 그때 나는 친구의 집을 지나서 질티고개를 넘어 동면 줄미로 걸어 다녔는데 하굣길에 우균이와 같이 얘기할 기회가 많았다. 여름 어느 날인가 친구가 집에 가자고 해서 들렀더니 머리에 수건을 쓰신 어머님께서 얼마나 배고프냐며 밥을 차려주시는 거다. 같은 은진송씨라 반가웠는데 어머님은 송씨 특유의 냉철함과 도도함 속에 자애로우시면서도 위엄에 넘치는 소리로 "서로 친하게 지내고 열심히 공부하여라. 나는 바빠서 지금 나간다." 하시며 손수레를 끌고 나가셨다. 뒤에 고등학교 다닐 때까지 거리에서 바쁘게 일하시던 모습 등 서너 번 뵌 기억은 어렵게 살아도 뵐 때마다 항상 당당하고 밝으셨다. 그 뒤 우균이와는 생활반경이 달라져서, 어머님의 뜻과는 달리 자주는 못 만나고 가끔 만나곤 했다. 60년대 중반의 가난했던 시절, 손수 차려주시던 소박한 밥상은 따뜻한 사랑이었다. 그리고 더 인상적인 건 리어카를 끄셔도 늘 당당해 보이셨다는 거다. 어렵게 살아도 강인하면서도 위엄에 넘치시는 그 모습이 존경스러웠다.

보문고 시절 흥사단 아카데미 활동을 했다. 흥사단에서는 3분 스피치, 5분 스피치 등이 있어 내게 부족한 숫기를 기를 수 있을 것 같아 지원했다. 여러 대중 앞에서 당당하게 말하는 인물이 되고 싶어 들어갔는데 정말 흥미로운 활동들을 많이 했다. 회의 마지막 시간에는 '희락회 시간'이라는 것이 있었는데, 서로 돌아가며 자기를 소개하며 악수하는 '윤회 악수'가 있었다. 그때 동급 여고생과 악수하게 될 때 짜릿하게 전해지던 느낌이 생각난다. 흥사단 활동은 내가 기대했던 이상으로 나를 성장시켰다. 발표력이 길러졌으며 훌륭한 선배도 만나게 되었다. 황의동 교수가 2년 선배였으며 학생회장이었다. 또, 안광우 형님과 중학교 때부터 친했던 충남고 염우균, 같은 보문고 오효균 등과 재미있게 활동했던 것 같다. 여름 겨울 수련회 때는 2박3일 동안 옥천군북면 추소리와 동학사에서 수련회를 하였는데 그 시간을 통해 나를 성장시킬 수 있었다. 또, 잊지 못할 하나의 추억도 간직하게 되었다.

대전지구 연합 고등학교 아카데미 동계수련회 때의 일이다. 과정 마지막 프로그램에 동학사 등반이 있었다. 그날 때마침 눈이 내렸다. 온 세상이 하얗게 변했고 계룡산도 흰 눈에 덮여 웅장한 골격을 그대로 보여주고 있었다. 동학사를 올라가던 중 앞서 걷던 천안여고에 다니던 여학생이 미끄러지려 하기에 반사적으로 손을 잡아 주게 되었다. 의도치 않게 순식간에 일어난 일이라 손을 잡은 걸 알고 나서 당황스럽기는 했지만, 그 여학생이 고맙다며 인사해 줘서 민망함은 없어졌다. 자연스럽게 이야기가 이어졌는데 나는 다른 지역에서 왔다는 그 여학생과 펜 벗이라도 하고 싶어서 떨리는 목소리로 "편지를 해도 되느냐?", "주소를 알려줄 수 있느냐?"고 물었고 그 여학생은 그러겠다고 순순히 응해주었다. 지금 생각해도 숙맥처럼 굴던 내가 어떻게 그런 용기가 났는지 모르겠다. 수련회를 마치고, 긴 겨울 방학 중에 그 여학생과 편지를 주고받게 되었다. 방학이 끝나고 학기가 시작되자 잠시 중단하다가 다시 겨울 방학 때 편지를 하게 되었는데, 진로 문제에 대한 고민이 주 내용이었다. 당시 분위기는 잘 사는 집이라도, 집안에서 여자는 대학을 안 보내고 취업시키는 때였기에 진학과 취업 사이에 갈등하는 거 같았다. 대학 입학 후 미팅이다 뭐다 놀기만 하다가 갑자기 생각이 나서 편지를 보냈는데, 고민 끝에 인천 교대에 있는 3개월 코스 초등교원 양성소에 가게 되었다는 거다. 그 이후 이런저런 일들로 연락이 끊겼다. 시간이 흘러 대학교 3학년 때, 농어촌 개발봉사단의 일원으로 참가하게 되어, 그 여학생의 집이 있는 이웃 마을을 방문하게 되었다. 그곳에서도 여학생의 소재를 찾아보았으나 알 수가 없었다. 눈 내리는 동학사에서 손을 잡은 인연으로 오랜 시간 편지를 주고받던 그 여학생은 지금도 젊은 날의 아름다운 추억으로 가슴 깊이 남아있다.

또, 보문고 시절에 만난 잊지 못할 친구 신광현이 있다. 광현이는 효균이와도 절친한 친구로 말은 없지만 가슴에 뜨거운 정이 넘치는 친구다. 3학년 2학기 어느 날, 광현이는 멀리서 다니는 나를 애처롭게 생각했는지, 내게 대학입학예비고사 볼 때까지 자신의 집에서 같이 생활하자고 배려하는 요청을 했다. 광현네 집은 학교 정문 앞에 있었다. 나도 별생각 없이 요구에 응했다. 식구가 많은 집이었고 더구나 여동생들이 많아 딸 키우는 어머니로서 얼마나 걱정이 많이 되셨을까마는 부모님은 불편한 기색 없이 애정으로 나를 대해주었다. 그 여동생이 있는 집에 염치도 없이 들어가 살면서 그 어느 때보다 행복했다. 또 얼마나 많은 추억을 만들었던가.

당시 광현네 집에는 오디오 기구가 있었다. 처음으로 접한 신기하고 낯선 전축으로 팝송과 클래식 등을 들었다. 신중현의 '미인', '커피 한잔'과 '가방을 든 여인' 등의 가요와 '졸업', '스카브로의 추억', '베사메 무초', '철새는 날아가고' 등의 팝송을 레코드를 통해 처음 접하게 되었을 때의 감동과 놀라움은 잊을 수가 없다. 촌놈이라 그런 음악을 전혀 들어본 일이 없었는데 친구 집에서 처음으로 문화적 충격을 받으며 문화생활에 관심을 두게 된 계기가 되지 않았나 싶다. 예비고사가 끝난 후 우리는 한밭식당 옆에 있었던 클래식 다방인, 모던 다방과 중앙시장 안에 있던 '사랑방 다방' 등을 돌아다니며 음악감상을 하곤 했다. 중앙극장 옆에 있었던 태극당 빵집에서 여학생을 만난 추억과 도청 앞에 있었던 성심당 빵집, 크리스마스를 맞아 충남고등학교 여학생과 미팅하던 추억, 대전 중구 은행동 중앙로에 김지미가 차렸던 초정 음식점에서 김지미 나훈아를 가까이서 보았던 일도 당시에 나를 흥분하게 했다. 광현이는 나를 아무것도 모르는 촌놈에서 문화인으로 탈바꿈시키는, 나를 한 단계 업그레이드시켜준 잊지 못할 친구다. 우리는 기분 전환을 위해 시내를 많이도 돌아다녔다. 부모님 몰래 거리를 나돌아다니며 얻은 생생한 체험은, 고등학생에서 성인으로 넘어가는 과도기에 자연스럽게 대학 생활로 이어지게 되는 계기가 되었다.

당시 우리와 같이 어울렸던 오효균과 강석일은 고등학교 시절에 같이 돌아다녔던 잊지 못할 친구다. 수다는 별로 떨지 않지만, 그 시절의 돈독한 정과 의리로 아직도 끈끈하게 그 인연이 이어지고 있다. 지금도 서로 만나면 그때의 추억을 회상하곤 한다.

제2부

군 생활, 인생의 전환점

사람들은 군대 생활이 3년 동안 썩다 나오는 거라고, 아무 도움이 되지 않는 정체된 시간이라고 하나 나는 달랐다. 내게는 집을 완전히 벗어나서 성격과 생활의 변화를 줄 수 있는 분기점이 되었다. 어릴 적 아버지의 그늘 밑에서 꼽추처럼 어깨를 움츠리고 살았던 나는 학창 시절을 거치면서 자신감을 느끼기 시작했고, 군 생활을 통해서는 자부심과 적극적인 태도를 기르게 되었다. 생각해보면 나는 하루하루 무너진 나를 일으키며 조금씩 성장해 왔던 것 같다.

나는 보안사령부 예하 부대에서 군 복무를 했다. 남자라면 잘 알겠지만, 먼저 다녀온 선배들의 경험담들을 들으면 고생했다는 얘기, 상사를 잘못 만나 고생한 얘기 등 파란만장하다. 공통적인 얘기는 '군에 가면 주특기를 잘 받아야 고생을 안 한다.' '여러 주특기가 있는데 행정병이 편하다.' '헌병이나 PX병이 좋고 의무병, 군종 사병으로 빠지면 군 생활 편하게 한다'라는 등의 정보다. 그중 군종병이 최고 좋을 것 같아 입대 2년 전부터 대홍동 천주교회에 다니면서 세례와 견진성사를 받고 교회 주일학교 교사로 1년 봉사를 했다. 부모님이나 주위에 도움 주시는 분들이 없었기에 스스로 적극적으로 앞길을 준비했던 게 아닌가 생각이 든다.

막상 군대 간다고 생각했을 때, 두렵기도 하고 새로운 세상을 만나는 길이라 흥분되기도 했다. 입대 전 동네 친구 병욱이와 주원 장터에 있는 중국집에 가서 짜장을 안주 삼아 소주를 마시고, 사학과 동기들과 송별회 등 몇 날 며칠을 술독에 빠져 지냈다. 드디어 1973년 1월 8일 서대전초등학교에 모여 논산훈련소 수용연대에 가게 되었다. 보충대에서 천주교 신자라고 얘기하고 군 천주교 의식에 참여하여 군종병이 되는 작업을 했다. 1월 11일 훈련병으로 입소하여 6주 동안 훈련을 받고, 자대 배치를 위하여 보충대에서 대기할 때 무척 조마조마했다. 이때 3년의 생활이 결정되는 거다.

나는 군종병이 안 되면 차선책으로 헌병으로 배치받았으면 하는 기대를 하고 기다렸다. 군종은 편한 보직이고 헌병은 고되지만 3년 동안 각이 잡힌 생활을 지속하다 보면 꼽추같이 구부정한 내 자세가 고쳐질 것 같아서다.

다들 숨죽이며 기다리는 와중에 자대 배치가 시작되었다. "다음 가는 곳은 육군 행정학교. 다음 가는 곳은 의무학교 통신학교다. 103보, 101보 앞으로!" 발표가 나오면 곳곳에서 한숨과

탄성이 터져 나온다. 어찌 된 게 내 이름은 아무리 기다려도 나오지 않았다. 한참을 지나도 호명이 없길래 이번에 안 팔리나 하고 긴장하고 있는데, 갑자기 사복 입은 사람이 나타나 잠시 자대 배치를 중단시키더니 지금부터 호명하는 병사는 나무 그늘 아래로 집합하란다. 그런데 거기에 내가 포함되어 있었다. 뭐가 뭔지 모르고 갔는데 같은 내무반에서 생활했던 훈련병 친구들이 나를 부러워하면서 속칭 끗발 있는 부대라는 것이다. 입대 전에 그런 정보는 없어서 그런 부대가 있는지도 몰랐고 뭘 하는 곳인지도 몰랐다. 그런데 같이 생활하던 훈련 동기들이 "넌 편하게 생활하겠다." 하면서 먹을 것도 주고, 양갱도 사주면서 앞으로 잘 봐달라고 부탁을 하는 등 대우를 해주는 거다. 어리둥절한 상태로 보안사령부라는 부대에 배치받고 그곳에서 생활하기 이전 준비교육을 하는 보안교육대에 입교했다. 이후 비로소 군 생활이 시작되었다.

보안학교에는 전국에서 온 병사들이 다 모여있었기에 부대 내에서는 각 지방 사투리가 다 오갔다. 그중에는 반가운 충청도 고향 사투리도 있었다. 교육을 마치고 같이 자대 배치받은 동료 중 나와 같은 충청도 출신들이 많아 세상 물정 모르는 나에게 서로 위로하며 많은 도움을 주었다. 행정 근무가 많았기 때문에 고된 훈련은 없었지만, 업무는 생각보다 어려웠다. 부대에서 항시 우리에게 주입하는 교육이 있다. '알고, 일하고, 확인하고, 점검하자.'라는 거다. 무슨 일이든지 확인과 점검이다. 어긋나면 상사에게 꾸지람을 당한다. 그런데 이렇게 다져진 근무 원칙은 사회 나와서 교육 현장에 있을 때 많은 도움이 되었을 뿐 아니라 지금도 내 생활의 지침이 되고 있다. 뭐든지 확인하고 기록하는 훈련은 생활에 있어서 큰 도움이 되었다.

군 생활은 어떤 곳에서 하든지 편한 생활이 없다고 생각한다. 나름대로 다 고생한다. 군 복무 중 시도 때도 없이 행해지는 비상 훈련이 힘들었던 것 같다. 처음 들어가서는 그 긴장감 때문에 한시도 맘 편히 있지를 못했다. 밤 11시나 12시에 집합 명령이 떨어지기도 했고, 웃통 벗고 팬티만 입은 채 집합해야 하는 날도 있었다. 군 위계질서에 적응하지 못해 찍힌 사람들을 고문관이라 말하는데, 느리고 굼뜬 내가 행여나 고문관으로 찍히거나 취사병으로 가게 되진 않을까 싶어 정신을 바짝 차리고 살았다. 하지만 감사하게도 같은 동기들이 잘 대해주어 늦게라도 잘 적응할 수 있었다. 그때 세세하게 방법들을 알려주고 나를 챙겨준 동기들은 지금도 가끔 생각나는 그리운 얼굴이다. 신현기, 홍준화, 조천욱, 김연도, 차동석 등 만나고 싶은 동기들이다. 최근에 신현기 전우는 대전고 출신으로 연락이 되어 집에까지 왔다 갔다 하는 사이가 되었다. 홍준화, 조천욱, 김연도 역시 서울에 가면 만나고 싶다.

힘든 군대 생활에서 친절한 친구가 있어 힘들지 않았고 부대에서 먹는 것도 좋았다. 남들은 짬밥이라며 군대식을 싫어했지만 나는 입맛에 잘 맞고 집에서 먹는 것보다 잘 먹었다. 또, 사막의 오아시스처럼 삭막한 군 생활에 활력을 주는 시간도 있었다. 바로 전화를 걸면 연결해주는 우체국 여자 안내원과의 전화 통화다. 어쩌다 저녁에 근무할 때 시간이 나면 전화로 안내원과 밤늦도록 재미난 얘기를 나누었다. 이 안내원은 어떤 사람일까, 어떻게 생겼을까 상상하며 이야기를 주고받는 것은 힘든 군 생활에서 큰 즐거움이었다.

내가 주로 맡은 보직은 많은 사람과 접촉해서 보고서를 작성하는 일이었다. 서류를 제대로 작성하지 못해 꾸중도 많이 듣고 혼나기도 많이 했다. 그러나 그 과정들은 타인과 소통하는 데 자신 없었던 나의 부족한 점을 채워주었다. 또, 대개의 군 업무가 똑같은 일의 반복이지만 우리 부대는 새로운 일을 발굴하는 창의성이 요구되는 업무인 만큼, 스트레스도 쌓이지만 성취하고 나면 자부심도 생기는 업무였다. 법적으로 외부에서 자신만만한 행동을 해도 별다른 제재를 받지 않기 때문에 소극적인 내가 적극적으로 생활하는 토양을 만들어주었다. 그것은 군 생활에서 얻은 최고의 선물이었다.

상사들이 늘 입에 달고 있었던 '너희들은 선택된 사람이다.'라는 말은 나의 자존감을 높여 주었는데, 그 속에서 군 생활에 필요한 아이디어를 내서 선발됨으로써 높아진 자존감이 또 한 차례 올라갔다. 1974년도로 기억하는데 그때 나는 군 생활 아이디어 모집에 화랑 담배 담뱃갑의 재질을 바꾸자는 청원을 했다. 담뱃갑이 종이 재질이어서 주머니에 넣고 다니면 땀이나 땀방울에 터져서 못쓰게 되니 일반 담배처럼 얇은 비닐을 씌우자는 거였는데 운 좋게도 뽑혀 상을 받게 되었다. 이후 군의 화랑 담뱃갑이 비닐로 씌어져 병사들에게 보급되었다. 그 다음 명찰에 적힌 이름을 흰색에서 군복과 비슷한 엷은 초록색으로 바꾸자는 제안도 상보 되어 이래저래 성과를 올렸다. 지금도 그런 과정들을 생각하면 군 생활이라는 어려움 속에서 주어진 한계를 딛고 열심히 최선을 다해 살아간 내가 기특하고 고맙다.

군 생활은 이후 사회 나와서 교직에 근무할 때, 사람과의 인과관계와 일 처리 방법 등 배운 것이 많았다. 그런 경험은 사회생활과 직장생활에 많은 도움을 주었다. 나를 성장시키는 최고의 훈련기간이었다. 내 생애 전체를 놓고 볼 때, 지금의 나를 있게 한 변화의 전환점이었다.

꿈꾸던 교직생활

제대하고 졸업이 가까워지니 앞으로 무얼 먹고 살아야 하는가가 숙제로 다가왔다. 명문가의 자손으로 태어났다지만 집안 살림을 제대로 챙겨주지 않는 아버지 때문에 늘 쪼들리게 살아온 나는 안정된 일터를 갖는 게 꿈이었다. 그리고 부부 교사인 대빈 사촌 형님네가 안정되고 품격있게 사는 모습이 보기 좋아 그 형님을 롤 모델로 삼았다. 혼인한다면 같이 공무원을 하는 아내를 얻었으면 하고 바랐다. 안정된 생활을 하기 위한 꿈을 이루기 위해 하나의 원칙이 있었다면, 머슴을 하되 큰집 머슴을 하지 작은 집 머슴은 안 할 것이라는 거. 봉급이 작아도 공무원을 하지, 아무리 연봉을 많이 준다고 해도, 절대 개인이 하는 기업이나 사립학교는 가지 않는다는 거였다. 신분이 보장되지 않는다는 속설이 있었기에 취업 자리가 나와도 가지 않았다.

대학 졸업을 전후하여 나에게 세 가지 진로가 있었다. 신문사 기자, 행정공무원, 교사. 세 직군을 놓고 선택의 갈림길에 섰다. 신문기자는 군에 있을 때 했던 업무와 연계성이 있는 것 같아서 매력을 느끼고 있던 차 중앙일보 지방부 기자 추천이 있었다. 갈까 말까 망설이고 있던 차 당시 한국일보 청와대 출입 기자였던 부청댁 효빈 종형님에게 문의한 결과, "기자는 버티기 어려운 직업이다. 교직으로 방향을 바꾸는 것이 우리 집안 성향상 가장 적절할 것 같다."라는 조언을 얻고 포기했다. 행정공무원은 7급이나 9급 시험을 보아야 하는데, 군 제대 후 1년 동안 준비해서는 합격할 수 없을 것 같고 자신감 결여로 여러 정황상 어려워 포기했다.

교사라는 꿈을 위해 대학 시절 교직과정을 이수하며 준비했기에 공립학교나 사립학교를 지원할 수 있었다. 졸업하던 해인 1977년에 여러 지방 사립학교의 초빙을 받았지만 공립학교의 길을 가기 위해 포기했다. 이후 대전체육고등학교 도비 강사를 하면서 서울이나 경북, 충북의 지원이 있어 순위 고사 원서를 넣었는데 마음대로 되지 않았다. 다행히도 그다음 해 가장 가까운 곳인 충남의 순위 고사에 합격하여 1978년 4월 1일 자로 태안군 원북면에 있는 원이중학교에 초임 발령을 받아 교직으로 들어서게 되었다.

나는 최선을 다해 교직생활에 임했다. 우리 집 가정의 울타리에서 벗어나 독립해야 하는 생존의 투쟁 현장이었기 때문에, 최선을 다해 신들린 듯 열심히 학교생활을 했다. 어쩌면 교직은 우리 집 정서상 가장 맞는 직업이기도 한 것 같다. 문중의 동춘당 선생과 우암 선생 이후, 문중의 저명한 선조들이 다 나라의 스승인 산림지문山林之門의 전통이 있었는데 그것이 은연중에 내게도 전해지지 않았을까?

교직으로 발령받고 나서 친척들에게 인사를 드리며 다녔다. 모두 기뻐하며 축하해 주셨는데 당시 대전시 부시장이시던 신안동 우빈 종형님이 특히 기뻐하셨다. "우리 당내간에 너와 나 둘이 공무원이구나? 축하한다. 나도 대학교 졸업하고 대전중학교에서 잠시 교사 생활을 한 적이 있다."라고 말씀하시며, 본인의 학교생활 경험을 이야기해 주셨다. 그러시고는 교사는 생각은 진보적이되, 생활은 철저히 보수적이어야 하고, 학생들을 꼼꼼히 챙겨야 한다는 철학과 함께 형님은 아침 출근하기 전 화장실에서 그날 할 일을 생각하며 메모하고 그 일정대로 그날 하루를 시작한다는 생활태도까지 일러주셨다. 나에게도 그렇게 해보라고 권유했는데 형님의 그 조언을 받고, 말씀대로 생활하려 노력했다.

생각해보면 나는 교직이라는 소임이 내게 주어진 것을 무척이나 감사하며 살았던 것 같다. 어려운 일이 닥쳤어도 그만두고 싶다는 생각을 한 적이 없었다. 그리고 퇴임할 때까지 한 번도 교직에 들어선 것을 후회한 적이 없었다. 오히려 나 자신의 부족함을 알았기에 최선을 다해 성실히 학교생활에 임했다. 부족한 점은 항상 선배 선생님과 교육청의 관련 장학관 장학사들과 소통하면서 정보를 얻고 생활했기 때문에, 나태한 근무는 할 수 없었다. '부지런하고 책임감이 강한 성실한 교사' 어느 동료가 내게 해준 이 말은 듣기도 좋았지만, 나의 소신을 알아준 평이었다.

교사로서 학생들과 같이 슬픔과 기쁨을 나누는 선생이 되고자 했다. 어려울 때 도와주고 좌절할 때 희망을 주는 담임이 되어 반 아이들이 밝게 생활할 수 있기를 바랐다. 또, 단어 외우기 게임이나 비디오 자료를 활용한 수업 등을 시도하며 좀 더 재미있게 공부시킬 방법들을 고민해 왔다. 예전의 내가 그랬듯 어떤 어둠이나 좌절이 있어도 밝고 신나게 학교생활 하면서 그들의 꿈에 다가갈 수 있도록 도우려 했건만 이제 보니 잘한 것만 있는 건 아니었다. 인위적인 방법과 독선적인 운영으로 학생들을 괴롭혔다는 생각이 든다. 잘하려고 했지만 결국은 독선이 되어 반 아이들을 힘들게 했을지도 모르는 몇 가지 일들이 있다.

학생들을 지도하는 데는 학생들이 있는 곳에 담임이 있어야 한다는 생각으로 말로만 지시하지 않고 아이들 활동에 나도 동참하려고 했다. 또 하나 교실 환경을 깨끗이 하려고 애썼는데 특히 화장실 청소는 일본 『마쓰시타 정경숙』을 읽어 감명받았기에 가히 광적이라 할 만큼 신경을 썼다. 지금 생각해보니 지나치기도 하고 문제의 소지도 크다. 여학교에서는 시도하지 않았지만, 충남고와 대전고에서는 화장실 청소로 담당 네다섯 명을 배정하여 조장이 책임지고 깨끗이 하도록 했다. 검사는 철저히 했다. 청소한 학생이 화장실 바닥에 뒹굴고, 다음으로 조장이, 마지막으로 담임인 나도 뒹굴면서 검사를 마쳤다. 충남고에 근무하던 당시 학부모한테 항의 전화가 왔다. "화장실 청소할 때 학생에게 불결한 바닥에 뒹굴라고 하면 말이 되느냐?"는 것이다.

당연히 항의할 만하다고 답한 뒤 "저도 학생들과 같이 행동합니다. 그만큼 바닥이 얼마나 깨끗한지 확인하시러 한번 방문하십시오." 하며 전화를 끊었다. 이후 소식이 없었다. 지금 같으면 난리가 나도 보통 난리가 아닐 텐데 이때만 해도 학생과 학부모들이 선생을 믿고 따르던 때라 가능한 일이었다. 그때를 되돌아보면 지나치게 행동한 부분도 많다. 내 위주로 내 멋대로 학생들에게 횡포를 부린 것 같다. 화장실을 깨끗이 청소하는 것이 의미있는 일임엔 분명하나 정도가 지나쳤다. 이런 나의 지시에 얼마나 많은 학생이 반항하지 못하고 그 체제를 따르느라 보이지 않는 눈물을 흘렸을까? 하지만 당시 학생들은 그런 행위를 코믹하게 받아들여 재미있어 했다. 적어도 나는 그렇게 생각해서 그 전통을 이어갔던 것 같다.

다음으로 아이들을 강제 전학시킨 사례가 천추의 한이 된다. 교직 생활을 하며 가장 후회로 남는 부끄러운 이야기다. 명문고의 전통에 누가 되는 행동을 한 학생들을 외지로 전학시킨 일이 두 번 있다. 80년대 여자고등학교 교련 조회에서 국기에 경례하지 않는다는 이유와 충남고등학교에서 담배를 피우다 걸린 것 때문이었다. 학칙에 따라 전학시킨 것이었고 징계위원회가 열려 윗분들과 다른 선생들의 의견이 반영된 것이었지만 담임으로서 반 아이를 지키지 못한 것이 마음에 걸린다. 학부모와 학생이 사정사정했는데도 받아들이지 않고 학칙대로 처리했다. 전학만은 말아 달라고 눈물 흘리던 학부모들의 간절한 부탁과 집에서 떨어져 타지에서 생활해야 했던 아이들의 고달픔을 생각하면 지금도 가슴이 아리다.

내가 책임진다고 교장실에 가서 읍소하고 사정하면서 이 학생들을 구제하지 못하면 나도 그만두겠다고 강력히 항의했어야 했는데……. 그 당시 나는 너무나 용기가 없었고 비열했다. 경례를 안 하고 담배 피운 것이 무슨 그리 큰 잘못인가. 지금 그 학생을 만나면 뭐라고 속죄해야 할까? 뒤늦은 후회가 지금도 가슴 한 구석에 무겁게 남아있다.

아이들에겐 이렇게 독재적인 교사였지만 동료들과의 관계는 원만했던 것 같다. 교육청 관련 장학관이나 장학사들과 원활히 교류했고, 학교에서는 학교장의 교육방침에 따랐기에 문제없이 순탄하게 생활했다. 동료 직원들과는 술자리를 통하여 같이 어울리면서 소통하고 학년의 문제점을 해결해 나갔는데 대체로 협조하면서 인간관계를 유지했기 때문에 무난하게 지냈다. 40대 중반 이후에는 시내 대전역사교사모임, 한밭역사교사모임 등에 참여해 역사 교사들과 소통하면서 전국역사교사모임 답사까지 동참하는 등 각 지역의 문화 특성을 익히고 식견을 넓혔다. 지역에서는 같이 배우는 도반으로서 후배 교사들에게 많이 배우기도 하고 선배로서 지역답사에 필요한 어려운 부분을 도와주며 그렇게 돈독히 관계를 유지했다. 또한 답사 안내와 연구모임에 참여하여 공부하고 토론하면서 역사 교사로서의 전문성을 키웠다.

대전여고 때는 주말에 향토반을 운영했다. 당시 대전 시내 교장들은 학생과의 불미스러운 사고, 안전사고 등으로 허락하지 않는데, 그 교장 선생님은 학무국장을 거쳤던 분이라 교육철학에 소신이 있으셨다. 지도교사인 나에 대한 신뢰와 함께 일요일을 할애해서 답사 교육을 하는 것이 고맙다시며 기회를 주고 지원도 해주셨다. 당시 향토반은 20여 명의 학생이 가입했다. 사전답사는 일요일을 이용해 다녔고 공주 석장리와 무령왕릉 박물관 등을 찾아다니며 기본 지식을 얻고는 그다음 아이들을 인솔해 탐방했다. 크게 재미있는 안내는 아니었을 텐데도 학생들은 즐거워하고 잘 따라 주었다. 어쩌면 친구들과 야외에 나가는 자체만으로도 좋았을 거 같다.

여학생들을 이끌고 우암 선생과 관련 있는 화양구곡을 답사 갔을 때의 일이다. 그날 장마 온 뒤끝이라 물이 많이 흐르고 있었는데 한 학생이 개울을 건너다 물살에 휩쓸려 떠내려갈 찰나 발견하고 간신히 구조했다. 답사는 잘 마쳤지만, 지도교사인 나는 가슴이 철렁 내려앉았다. 사고가 났으면 어찌 될 뻔했나? 그날 이후 나 혼자 학생들을 이끌고 다니는 것은 하지 않았다. 현장에서는 늘 위험 요소가 뒤따라 언제 어떤 일이 일어날지 모르기 때문이다.

역사 교사 모임을 하며 전문적인 지식을 넓히고, 향토반 운영으로 현장 탐방의 경험을 익힌 나에게 역사 교사로서 한 단계 성장할 기회가 왔다. 대전여고에서 5년 근무를 마치고, 이후 동대전고등학교에서 근무하던 때이다. 마지막 해에 2학년 담임을 맡고 있었는데 어쩐지 소외된 느낌도 들고 무료해지는 거다. 마침 그즈음인 1993년 6월 어느 날 대전시 교육청 역사과 정재헌 장학사님에게 전화가 왔다. 한국교원대학에서 9월부터 4개월 동안 전문과정 연수가 있다는 소식을 알려주며 교장과 교감의 허락을 받아 연수에 참가하라는 거다. 마지막에는 일본과 중국의 12박 13일 해외연수도 포함된 좋은 기회니, 충전도 할 겸 견문도 넓힐 겸 다녀오라는 것이었다. 당시 장기 연수는 중학교와 실업고등학교에 근무하는 교사들이 갔다. 그게 관례였다. 교과를 맡은 인문계 고등학교 교사가 장기간 학교를 비우는 것은 불가능했다. 이런 어려운 점을 얘기하니 장학사님이 교감 선생님을 찾아가 설득해보고 안 되면 그 자리에서 전화하라고까지 말씀하며 적극 추천하시는 거다. 혹시나 하는 마음으로 교감 선생님을 찾아가 말씀드리니 역시나 허락할 리가 없었다. 군에서 문제점 많은 장병 유격훈련 보내듯이 정신 차리게 연수나 보내 달라며 조르는 실랑이와 마침 친분이 있는 역사과 정재현 장학사가 전화로 지원사격 해주는 바람에 허락받게 되었다. 교원대 연수는 내내 달리다 지쳐, 슬럼프에 빠진 나에게 다시 일어설 힘을 주었다.

인생의 전환점, 교원대 입학

교원대학교에서의 연수는 새로운 세상을 만나게 된 일생일대의 사건이었다. 가르치는 처지에서 배우는 학생으로 입장을 바꿔 놓았을 뿐만 아니라 매너리즘에 빠져있던 나에게 연구하며 탐구하는 길로 이끌었다. 우리나라 최고의 석학들이 수준 높은 지식을 전달하는 것이기에 이해하기 어려운 점도 많았지만 그래서 더 열심히 공부해야겠다는 다짐을 하게 한 계기도 되었다. 교원대학교 연수를 추천해주신 정재헌 장학사님은 평생 고마워해야 할 은인이시다

연수를 같이 듣는 전문과정에 동학들은 총 15명이었다. 내가 나이가 제일 많았지만, 대학 선배가 있어 과 대표를 맡았고, 후배인 내가 학교나 교수님과 조율하는 일과 연수자들의 애로사항 문의에 답하는 일을 맡았다. 실은 어떻게 하면 강의를 빼먹느냐가 몇몇 최대 관심사이긴 했지만, 교수님들이 워낙 엄격하여 한

번도 성공한 적이 없다. 다만 저녁에 밖에 나가 소주를 마시며 즐겁게 회포를 풀 수는 있었다. 가끔 교수님들도 모시는 회식 자리를 마련하면서 자연스레 유대감을 쌓게도 되었다.

연수 기간 중 국비로 일본과 중국을 12박 13일 일정으로 다녀온 것이 기억에 남는다. 일본 오사카 신사이바시에서는 당시 우리나라 사람들이 일본에 가면 꼭 하나씩 들고 오던 코끼리 전자 밥통 등 많은 전자제품을 구경하고 필요한 것은 구매했다. 나라현의 법륭사와 동대사, 일본 국보 1호인 미륵보살반가사유상이 있는 교토의 광륭사, 오사카의 사천왕사와 오사카성 등을 관람했다. 도쿄에서는 황궁을 보고, 근처 하코네 온천에서 온천욕을 즐겼는데 하코네산의 기슭부터 중턱까지 온천 거리가 즐비한 풍경은 잊지 못할 절경이었다. 중국 여행에서는 만리장성과 자금성, 이화원 등을 보고 상하이 와이탄 거리 등을 보고 귀국했다.

그러나 어느 구석에 허전한 마음이 있었다. 역사를 담당해 주셨던 호불 정영호 교수님을 모시고 우리나라의 문화유산을 답사하고 싶어진 것이다. 교원대학에서 가까운 곳에 교수님께서 발굴하신 중원고구려비와 단양 적성비를 비롯하여 인근 중원탑이 있었으니 발굴 장본인을 모시고 생생한 이야기를 듣고 싶었다. 당시 교수님께서 교무처장 보직을 갖고 계셔서 학교에서 차량 협조를 얻고, 오후 강의 담당 교수님을 찾아가 허락을 구한 다음 답사를 떠났다. 교수님의 가이드로 품격 있는 답사를 하고, 저녁에 식사로 마무리했다. 정영호 교수님에 관한 이야기는 차고 넘치기에 다음 장에 별도로 담아 놓았다.

장기 연수는 연수가 끝날 때, 꼭 보고서를 내야 한다. 국가에서 지원한 연수를 받고 결과물을 요구하는 것은 당연하다. 대전 지역 향토사에 대한 보고서를 작성한다고 보고하고 나서 막상 해보려 하니 한 줄도 쓸 수 없었다. 학교 현장에서 고3 담임이란 아침 일찍 출근해서 아이들 자습시키고, 저녁에는 야간자습을 여학교는 10시, 남학교는 11시까지 감독하고 밤늦게 퇴근해야 하는, 온종일 학교에 매여 있어야만 하는 일이다. 학습지도는 선다형 문제 풀이를 되풀이하다 보니 실제 사학과를 졸업했으면서도 노력이 없었으니 아는 것이 없었다.

연수 중에 호불 정영호 교수님을 통해 유적과 유물 보는 법을 배우기 시작했는데 그때 비로소 나의 눈이 떠지기 시작한 거다.

전문과정을 마치는 마지막 주에 교수님께서 나를 부르더니 대학원에 진학할 생각이 없냐고 물으신 건데, 처음엔 머리도 나쁘고 게을러 공부할 실력이 안 된다고 말씀드렸다. 더구나 교원대학은 학비도 가장 적게 들고 교수진도 좋아 전국에서 우수한 교사들이 지원하기 때문에 감히 엄두도 내지 못할 곳이었다. "아냐 송 선생, 공부는 지속해서 하는 것이지 머리가 좋고 나쁨은 관계없어. 여기 학부생들은 고등학교 때 학급에서 1, 2 등 하던 학생들이지만 별것 아냐. 송 선생과 백지장 한 장 차이야!" 하시면서 용기를 주셨다. 당신께서 사람 보는 눈이 있으시다며 나는 시작하면 꾸준히 열심히 할 사람으로 보인다며 꼭 지원하라고 추천해주셨다. 그리고 교수님 말씀대로 교원대학원 원서접

수를 하고 시험을 보았다. 12명을 선발했는데 물론 거기 나도 있었다.

1994년 45세의 나이로 한국교원대학교 대학원 석사 과정에 입학하게 되었다. 총 열두 명이 입학했는데 서울과 경상도, 강원도, 전라도, 충청도 등 전국 각지에서 온 교사들이었다. 학생들이 많이 온 학교에서 과 대표를 뽑자는 의견이 나오기에 내가 자원했다. 교원대학과 가장 가까운 대전에 사는 내가 과 대표를 맡으면 여러모로 편리할 거라는 이유로, 교수님들과 수시로 연락해서 열심히 공부하는 환경을 조성해주고, 재미있게 만날 수 있도록 분위기를 조성하겠다는 공약 아닌 공약이었다. 모두 마다치 않고 수용해 주었는데 다른 교사들에 비해 5년에서 10년 연장자인 내가 나서니 아무도 거부하지 않은 것 같다. 수업은 방학 때만 가능했기에 계절제로 여름 겨울 방학 때 이루어졌는데, 학기가 진행되면서 서로에게 끈끈한 정이 쌓였다. 그리고 그 만남이 서로를 성장시켰던 것 같다.

역사과는 교수님들과 상견례 자리를 마련하여 식사도 같이 했다. 교수님들께서 이렇게 회식 자리를 마련하는 것은 처음 보았다며 흡족해하셨다. 교수님 모든 분이 다 좋았지만 어딜 가도 한 명은 꼭 특이한 사람이 있는 것처럼 시어미 같은 교수님이 한 분 계셨다. 아주 까다롭기가 이루 말할 수 없을 정도였다. 학생들을 못살게 굴었다고나 할까? 그래도 우리는 처신을 잘하며 슬기롭게 극복했다. 대부분의 계절제 대학원생은 교재를 선택해줘도 사지 않고 그때그때 필요한 부분만 복사한다. 책을 꼭 사야만 한다며 유난을 피우는 그 교수님 덕분에 우리는 학기 초 교수님께서 교재를 선택해주면 단체로 구매해서 교수님들을 안심시켰다. 그리고 수시로 저녁때 과원들과 친목 자리를 마련해 가족같이 친하게 지냈다. 전민동 엑스포아파트에 살 때, 그 대학원에서 같이 공부한 친구들이 우리 집에 오기도 하고, 백제문화의 우수성을 보여주기 위해 예산 수덕사, 서산 마애삼존불, 태안 마애삼존불 등을 자체적으로 답사도 했다.

계절 학기 동안 기숙사에서 생활할 때 저녁에는 주로 대학원 동기들과 술을 마시고 휴식 시간에는 즐겁게 지내는데, 수업 시간에 강의를 들으며 졸음이 쏟아져 듣는 둥 마는 둥 꾸뻑꾸뻑 조니 김상현 교수님께서 "송 선생, 쉬는 시간에는 쾌활하게 신명나게 잘 놀면서 수업 시간에는 조나?" 하는 농담을 하셔서 웃음바다 만든 적이 한두 번이 아니었다. 이 시기에 유홍준 교수의 『나의 문화유산 답사기』 1권이 처음 나와 열풍을 일으키려 할 때였다. 정 교수님께서 필독서라며 감상문을 리포트로 부과하고 발표시켰다. 『나의 문화유산 답사기』를 정독할 기회를 준 것은 역사 교사로서 반드시 읽고 최소한 문화유산에 대해 이해하라는 간접적인 메시지였다.

졸업할 때가 되어 논문을 써야 했다. 어떤 주제를 잡을지 고민하던 중 1994년부터 『은진송씨 종보』에 묘역답사기를 썼던 것이 생각났다. 지금껏 답사한 곳의 비문을 정리해서 연구한다면 논문 주제로 좋을 것 같았다. 우선 한남대학교에 있는 한기범 교수님께 상의한 결과 은진송씨 비문 전체를 정리하려면 너무 범위가 넓어 어렵다. 은진송씨 산림이 여러분 계시니, 그분들의 비문 및 신후문자身後文字를 정리해보라는 조언을 받았다. 그래서 논문 제목을 「호서 산림의 존재 양태 연구 - 송산림을 중심으로」 정하여 정리하고, 정영호 교수님께 상의드렸더니 범위를 축소하라는 조언을 주셨다.

"이 사람아, 송산림에 관한 연구는 너무 범위가 넓어! 박사학위 논문도 소화하기 어렵네. 자네가 동춘당 자손이라며 '동춘당의 학문과 사상'으로 하면 어떤가? 그래도 어려울 거야." 하시면서 아무래도 내가 미덥지 못하신지, 당신이 고대사 분야지만 지도교수를 맡아 주시겠노라, 자청해 주셨다. 한국 고 미술사 분야 최고이신 호불 선생이 지도교수가 된 사연이다. 세심한 지도는 호불 선생의 수제자인 당시 조교였던 단국대학교 엄기표 교수가 보완해 주었다. 그 고마운 인연으로 지금도 엄교수와는 수시로 교류하며 통화하고 있다.

졸업논문을 쓰면서 정말 많은 분과 교류하게 되었다. 한남대학교 한기범 교수님과는 수시로 상의하고 조언받았고 전국 각 대학에 있는 산림관계 학술 논문 발표를 찾아 자료 수집을 했다. 서울대 정옥자 교수님의 논문을 비롯해 가톨릭대 박광용 교수, 한신대 유봉학 교수, 국민대 지두환 교수, 광주대 고영진 교수, 목포대 고석규 교수, 전남대 정병련 교수, 동국대학교 김세봉 교수와 정구선 박사, 당시 대학원생이면서 산림 세력 연구하신 한서대학교 안외순 교수, 충남대학교 대학원 출신으로 호서 사림을 연구하신 전용우 선생 등 수많은 교수님과 교류하며 논문들을 섭렵하였다. 이분들께 은진송씨 문중의 『은진송씨 금석록』, 『은진송씨 선적사』, 『은진송씨 세적록』 등을 보내드리면서 자료를 부탁했다. 교수님들은 논문과 저술을 보내주시면서 격려의 편지도 동봉했는데, 대전에 답사를 오면 꼭 나에게 답사 안내를 부탁하셨다.

대개 교원대학교 대학원은 20여 명이 수료해도 석사 과정을 통과한 경우는 서너 명 정도라는데 우리 동기들은 8명이 학위를 받았다. 실력이 없었던 내가 논문을 쓰고 제출한다고 했더니 그게 자극이 되었는지 다음 해로 미루어 쓴다고 했던 분들이 열심히 써서 그해에 5명이, 다음 해에 3명이 통과했다. 그 뒤 교원대학교 다녀온 후배들의 말을 들어보면 교수님들이 이와 같은 사례는 교원대학교 역사상 없다고 하셨다나. 우리 동기들은 나만 제외하고 거의 교장 승진을 하는 등 성공적인 교직 생활을 마무리했다. 서울의 나 교장, 여교장인 길 교장 등 경기도와 안동의 석사 동기들이 있는데, 울산의 김만선 교장과 전라도 혁신도시의 박선 교장은 지금도 만나면서 회포를 풀며 그 시절로 돌아가 고맙다고 융숭한 대접을 받는 관계가 되었다.

대학원을 마치고 나는 교포 교사가 되었다. 교포 교사는 교장과 교감 승진 포기 교사를 말한다. 승진보다 진정한 역사 교사가 되는 것이 내 몫이 아닐까 싶었다. 최소한 동춘당 문정공 종중에서 최고의 권위가 되고 싶다는 일념으로 종족사 연구를 시작했다. 『은진송씨 종보』에 기고를 하기 시작했고, 그 작업 중 하나로 『고건축 용어사전』을 복사해 책을 보고 설명을 붙이는 작업을 한 5, 6년 하다 보니 웬만한 데 가도 무언가 전달할 이야기를 할 수 있었다. 재미없는 답사 안내가 아니었나 생각된다. 그러나 한번 문화재 설명을 해본다는 것이 중요했다. 해볼수록 희열을 느끼면서, 이후 어디를 가든 시키지 않아도 설명하려 노력했다.

교원대 연수라는 기회는 교원대 석사라는 새로운 자리로 나를 인도했다. 그 과정들이 쉬운 건 아니었지만 즐겁고 의미 있었던 것은 두말할 나위도 없다. 어쩌면 나의 가장 빛나는 시기가 아니었을까 싶다. 새로운 세상으로 진입하고 있는 나를 다른 이가 어떻게 평가하고 있는지 나중에 교원대 연수를 다녀온 후배 교사를 통해 들을 수 있었다.

"우리 95학번에 전설이 있었대요. 대전에서 온 특이하고 괴상한 선생님이셨는데 그 선생님은 대학원 동기들을 잘 융화시켜 술도 잘 마시고 놀기도 잘해서 무척 재미있게 지냈대요. 그리고 그때 석사학위도 수두룩 나왔대요."

교원대에서 만난 인생의 스승

한국교원대학교 전문과정 연수 과정에서 내 인생을 바꿔준 스승, 호불 정영호 교수님을 만났다. 대학원에 진학하여 학위를 받게 된 것도, 내 인생의 진로를 명확히 찾은 것도 다 교수님 덕분이다. 말로 다 표현할 수 없는 많은 가르침을 주셨는데 그로 인해 내 나이 70이 넘은 오늘까지 즐겁게 활동할 수 있게 된 거다.

정영호 교수님은 한국교원대학교 역사교육과 교수로 박물관장을 역임하면서 제자양성에 열정을 다하신 분이다. 한국 고고 미술사 학맥의 정통 계보를 이으셨으며, 신라 삼산 오악 학술조사, 경주 대왕암과 석굴암 등 수많은 유적 유물조사를 맡으셨고, 신라사 연구에 기반이 된 단양신라적성비와 중원고구려비를 발견하셨다. 이런 분의 제자가 되었으니 얼마나 영광스러운 일인가. 교수님의 강좌는 '한국 고대사 특강'이었다. 텔레비전이나 신문에서만 뵙던 분에게 강의를 듣게 되니 감회가 새로웠다. 강의 내내 수많은 국보 및 보물급 발굴 현장을 통한 스토리를 들려주셨는데 시간 가는 줄 모르고 열심히 메모하며 들었다. 세심히 일러주시는 교수님의 가르침 덕분에 유물 보는 법과 불상, 석탑, 석등, 비석 등을 편년하는 법 등을 익히게 되었다.

우리 역사와 문화유산에 대한 강한 애착과 함께 높고 깊은 학문을 가진 존경받는 석학이셨는데 생활이나 인간관계에서도 몸소 본보기를 보이셨다. 나이가 많은 나에게 관심을 보이고 격려해주셨기에 답례로 가끔 좋은 양주가 있으면 준비하여 갖다 드리면 늘 조교들을 불러 같이 드셨다. 처음 양주를 갖다 드렸을 때 교수님은 고맙다고 받으시면서 저녁에 대학원과 박물관 조교들을 식당으로 부르셨다. "오늘 송 선생이 가져온 양주다. 근무시간에 혼냈던 일은 잊고 우리 잘해 보자."라고 격려하면서 같이 나누어 드시는 거다. 좁은 소견에 '선생님만 혼자 드시지 왜 조교들을 불러 같이 먹나.' 하는 생각도 했는데, 문득 낮에 교수님을 뵈러 박물관에 갔을 때 조교가 무언가 잘못해서 눈물이 쏙 빠지게 혼나고 있었던 게 생각났다. 그 서운한 감정을 마침 내가 가져온 술로 회식 자리 만들어 잘못한 일은 다 잊고 다음부터 잘하면 된다고 하면서 기분을 확 풀어주셨다. 제자들을 혼내고 나서 진심으로 마음 쓰시며 다독이시는 모습은 너무나 인간적이었다.

또 교수님은 어르신들을 잘 모시기도 하셨다. 기회가 될 때마다 주위 훌륭한 분들을 소개해 주셨는데 간송 전형필 선생을 비롯하여 가장 존경하는 스승 초우 황수영 선생, 수묵 진홍섭 선생, 최후의 백제인으로 살았던 연재 홍사준 선생 등과 만나 교류하게 된 배경을 설명해 주었다. 그 과정에서 교수님께서 그분들과 교류하시는 모습을 지켜보며, 대인관계를 어떻게 해야 하는지 스승을 어떻게 모셔야 하는지를 알게 되었다. 특히 스승에 대한 진심 어린 존경심은 감히 따를 수 없는 우리들의 모델이었다.

어느 날 서울에 볼일이 있어 대전에서 새마을호를 타고 서울로 올라가는 길이었다. 우연히 교수님을 같은 열차에서 마주쳤다. 옆에는 항상 '우리 선생님' 하며 뇌까리시던 초우 황수영 선생과 동행하고 계셨다. 초우 선생과 인사를 나누고 얘기하면서 서울역에 도착하였다. 셋이 같이 내렸는데 교수님께서 초우 선생의 큰 가방을 들고 앞장서서 택시 정류장으로 가시는 것이었다. 얼른 초우 선생의 가방을 들려고 하자 "내가 내 스승님을 모시는데 왜 자네가 끼나."라고 하시며 무거운 짐을 택시 정류장까지 들고 가시는 것이었다. 택시비는 내가 계산해야 할 것 같아 택시비를 기사에게 주자, 낚아채시면서 교수님께서 스승님을 모시는 것이니 염려하지 말라시며 정중히 거절하시었다. 이와 같이 스승님을 한결같이 공경히 모시는 모습을 보았다.

교수님은 애처가이시기도 했다. 강의 중이나 사석에서 사모님을 지칭할 경우가 있었는데 꼭 '우리 곤전 마마께서'란 호칭으로 공경을 표시하며 사모님을 향한 애정과 신뢰를 보이셨다. 서울에 계신 사모님이 교수님을 뵈러 청주로 내려오셨을 때 식사자리에 동석한 적이 있었다. 과연 평소에 하시던 말씀대로 사모님을 최대한 공경하는 마음으로 모시는 모습은 우리가 따라 할 수 없는 애틋한 정이었다. 학문에 있어서는 옳고 그름이 분명했지만, 제자를 대하실 때는 한없는 신뢰로 자신감을 넣어주시고, 아내에게는 애틋한 정을 전하시는 그 모습은 우리에게 많은 교훈이 되었다. 주어진 상황을 운명으로 받아들이시며 항상 감사한 마음으로 사셨던 호불 정영호 교수님. 교수님은 떠나셨지만, 열성적으로 연구하고 가르쳐주시던 그 모습은 내 가슴에 영원히 살아있다.

그다음으로 기억에 남는 분은 김은숙 교수님이시다. 교원대 역사학과 교수님 중에 부부 교수님이 있었는데 바로 그 주인공이셨다. 동양사 전공이셨는데 대부분 동양사 하면 중국과 일본 좀 더 가면 인도 정도일 텐데 교수님은 동남아시아나 아프리카, 이슬람 국가들을 아우르는 종횡무진의 폭넓은 강의를 해주셨다. 가르침의 열정이 큰 만큼, 우리에 대한 기대 수준도 높아 과제를 잘못한다든가 하면 그 자리에서 바로 교정시키고 혼내주어 우리가 무서워하는 교수님이었다. 물론 나도 크게 혼쭐난 경험이 있다.

교수님은 교사들이 책을 읽지 않는 것에 분개하시면서 늘 독서의 필요성과 중요성을 강조하셨다. 시간을 쪼개서라도 수시로 책을 읽으라고 말씀하시면서 책을 읽고 리포트를 써오라고 한 적이 있다. 리포트를 작성하면서 부군 되시는 주명철 서양사 교수님의 기행문을 인용해 제출했는데 과제를 읽어보시던 교수님이 화를 내며 그 자리에서 리포트를 내동댕이치는 거다. “이게 보고서냐? 세상에 기행문을 인용하는 법이 어디 있느냐?”며 강의 중 동기들 앞에서 소리를 치셨다. 사실 그 교수님은 나보다 3살 정도 아래였다. 창피도 하고 기분이 나빠 울적해진 나를 보고 여자 동료들이 와서, 교수님이 선생님에 대한 애정이 많이 있으니까 더 화를 내신 것 같다고 기분 풀라고 위로해 주었다. 그 순간은 얼굴이 화끈거리고 자존심도 상했지만 이후 더 열심히 공부하는 계기로 삼게 되었다.

'글 쓰는 것은 자기가 아는 것의 1/10 정도다. 그러니 많이 알아야 한다.', '폭넓은 역사적 사고력을 기르기 위해서는 비슷한 여러 상황을 다 이해하고 파악해야 한다.', '남의 얘기를 인용할 때는 평가하면서 나가야 한다.' 교수님이 강의 중에 말씀하신 내용들이다. 이런 교수님의 글쓰기에 대한 가르침은 나의 태도를 바꾸는 중요한 계기가 되기도 했다.

"뭐든지 써보지 않고 말하지 않는 것은 모르는 것과 같다. 글로 표현하지 않는 것은 생각하지 않는 것과 마찬가지다. 말로 표현하지 않는 것은 생각하지 않는 것과 마찬가지다. 답사 가더라도 꼭 답사 감상문을 써라. 단 신문이나 잡지에 기고하는 마음을 가지고 반복해 쓰면 글쓰기가 익숙해진다."

이 말씀에 깊이 감응했던 나는 당장 실천에 옮겨 『은진송씨종보』에 선조 묘역답사기를 쓰기 시작했다. 1995년도의 일이다. 그전에는 그냥 메모로만 남겨 두거나 혼자 보는 글 정도로 썼는데, 종보에 싣다 보니 좀 더 철저한 자료조사를 하게 되었고 머리에도 확실히 각인되었다. 이후 학교 교지에 글을 싣거나 신문에 기고하는 등 집필의 영역을 넓히게 되었다. 또한 누구든지

10년을 같은 일을 하면 그 분야의 전문가가 된다고 하신 말씀을 새겨 문중 연구를 열심히 파고들게 되었다.

교수님의 부군은 서양사 주명철 교수님이시다. 철저하게 가르치시기로 유명한데, 학생들에게도 완벽을 원하셨으므로 가끔 마찰이 생기기도 했다. 우리 동기는 이분의 비위를 맞추느라고, 교재도 열심히 사고 결강 없이 수업 준비도 열심히 해서 무난히 넘어갔다. 그만큼 배우는 것도 남는 것도 많은 유익한 강좌였다. 영문과를 나오시고 파리로 유학 가서 서양사로 석 · 박사를 따셨다. 파리 유학 시절 도서관에서 사료가 되는 원서를 철저하게 베끼느라 만년필 여러 개를 소모했다고 술회하시면서 역사 공부 요령은 부단히 베끼는 작업임을 피력하셨다. 역사가들의 사명은 고문서 속에서 보물을 캐는 것인데 문서에 숨소리가 표시되어 있으면 그 숨소리도 베껴야 한다는 거다. 그런 과정을 거쳐야 탐구하고자 하는 목적에 도달할 수 있다고 말씀하셨다.

주교수님이 해주신 말씀 중 꼭 새겨두고 싶어 메모해 놓은 기록이 있다. 예전 이탈리아 베네치아의 물 소비를 예로 들면서 빈부의 차이를 비교하셨다. "부자들은 물장수에게 물을 사 먹고, 일반 가정에서는 빗물을 빗물받이를 통해 걸러서 먹는다."라면서 물은 가장 흔한 것 같지만 불공평하다는 거다. 사치에 관해 설명하시면서는 부유한 사람의 사치는 단순히 희귀함과 허영만이 아니라 사회적인 성공이며 매력이라고 표현하셨다. "부는 가난한 사람이 어느 날에 도달할 수 있는 꿈이다. 그들이 그것을 가지면 그것은 이미 사치가 아니다. 부자들은 가난한 사람의 장래를 준비하는 사람이다. 욕망을 가진 사람이 있는 한 사치스러운 면이 있고, 사치스러운 면이 있는 한 물질생활은 발전하는 것이다." 그때 메모해 놓은 글이 지금도 있다.

교수님은 계량 사학을 공부하셔서 커피, 설탕, 여러 가지 기호식품 등은 통계를 내어 분석하며, 그 시대 상황을 설명함으로써 역사적 사고를 보는 반경이 훨씬 다양하고 넓어졌다. 강의 중에는 이해 안 되는 부분이 있었지만, 역사적 사고의 계량을 통한 새로운 방법으로 접근할 수 있다는 좋은 경험이었다. 지역사를 연구하는 향토사 관련학자들이 이 두 부부 교수님의 역사 공부하는 방법을 지역사에 접목해 볼 필요가 있다고 생각한다.

마지막으로 한국 사상사 중 불교사상을 강의하신 김상현 교수님을 잊을 수가 없다. 교수님은 독실한 불교 신자로서 한학이 깊어 많은 불경을 번역하였다. 내가 대학원 졸업 후 동국대학교로 전출하여 역경원에서 불교사상 연구에 전념하셨다. 2009년 익산미륵사지석탑을 해체 복원하는 과정에서, 백제 서동 왕자(무왕)가 향가 '서동요'를 신라에 퍼트려 신라 진평왕의 딸 선화 공주와 혼인했으며, 그 뒤 선화 공주가 미륵사를 건립했다는 『삼국유사』의 내용과는 배치되는 사실을 밝혀내신 바 있다. 삼국유사에서 무왕의 왕후인 사택지덕을 선화 공주로 바꾸어 기록했음을 알려 논란이 되었다.

석탑 해체 과정에서 출토된 '사리 봉안 기록판'에 미륵사는 무왕 재위 기간, 무왕의 왕후로, 백제의 최고 관직인 좌평 사택지덕의 딸이 시주했다는 사실이 새겨져 있었다. 이는 백제 서동

왕자가 '서동요'를 퍼뜨려 신라 진평왕의 딸 선화 공주와 결혼했으며, 그 뒤 선화 공주가 미륵사를 건립했다는 『삼국유사』의 내용과는 배치되는 중요한 발견이었는데, 이를 해석한 분이 김상현 교수였다. 그렇게 우리나라 불교문화 분야에서 한 획을 그으신 명망 높은 교수님을 모시고 한국 사상사를 듣는 시간은 내겐 너무나 귀한 시간이었다.

향토사료관에서 찾은 새로운 세상

지금까지 지나온 길을 뒤돌아보니 주위 많은 사람의 도움으로 오늘의 내가 있게 됨을 알겠다. 교원대 연수부터 대학원 졸업까지, 우연처럼 다가온 손길들은 점점 더 넓은 세상으로, 깊이 있는 학문의 길로 나를 이끌었다. 교원대학교 연수부터 시작된 스승들과의 인연은 충남향토연구회에서 열매를 맺었다.

교원대 연수를 마칠 즈음 향토사를 주제로 보고서를 쓰는 과정에서 자료들을 수소문하던 중 충남향토연구회와 연이 닿게 되었다. 지인이 충남도청 안에 도정 사료실이 있는데, 그곳에 가면 충남향토연구회 춘강 김영한 선생이 계신다고, 그분을 찾아뵈면 뭔가 가닥이 풀릴 거라고 알려주는 것이다. 뭔가 하겠다는 마음이 서면 그냥 밀어붙이는 성격이라 무작정 도청 향토사료실을 찾았다. 나중에 알고 보니 그곳은 도청에 근무하는 일반직 공무원들이 향토연구회라는 것을 만들어 지역사 연구를 하는 곳이었는데, 여러 국 · 과장급과 사무관, 서기관 등이 고루 참여하고 있었다. 들어가서 이야기 나누는 내용을 잠깐 들어보니 사학과 출신인 내가 이해하지 못할 만큼 아주 수준 높은 대화가 오고 가고 있었다. 역사 교사가 도청 일반직 공무원보다 향토사를 모른다는 것이 자존심도 상하고 무척 부끄러웠다. 좀 더 공부해야겠다는 반성도 드는 것이었다.

김영한 선생님을 찾아왔다고 하니 아주 깔끔하신 선비 같은 분을 알려 주셨다. 가서 인사드리고 찾아온 사유를 말씀드렸더니 먼저 성씨가 뭐냐고 물어보시는 거다. 은진 송가라고 대답하자 조선 후기 역사는 은진송씨를 빼고 이해할 수 없다고 하시며 신도극장 뒤에 향지문화사라는 출판사가 있는데 거기 가서 송용재 선생을 만나보라고 일러주시면서 도움을 주셨다.

"자네는 앞으로 은진송씨 연구를 좀 해야겠네! 젊은 사람이 이어받을 필요가 있어. 우리 연구회에 석정 송각헌 선생, 심농 송진도 선생, 석음 송창준 선생, 송파 송용재 선생이 계시는데 그분들을 뵈면 많이 배울 거야."

하시면서 전화해 놓을 테니 송용재 선생을 찾아가 도움을 청하고 앞으로 거기 있는 분들께 많이 배우라고 일러주셨다.

그 길로 향지문화사를 찾아가 송용재 선생을 만나 뵈니 이미 안면이 있었다. 이전 대전여고에 근무할 때 홍명다방에서 담임과 학부모 관계로 만난 분이셨다. 그때 내가 동춘당의 후손임을 들으시고 문중의 문헌 정리를 해보라고 권하시기도 했는데, 또

뵙게 되니, 잘 오셨다고 반기시면서 무엇을 쓸 것인가 생각해보고 다시 찾아오라며 앞으로 자주 뵙자는 것이었다. 그리고 정말로 나는 이후에 향지문화사를 문턱이 닳도록 드나들었다.

1994년 2월 김영한, 송용재 회원의 추천으로 향토연구회 회원으로 정식 입회했다. 3월 정기인사 이동으로 충남고등학교로 전입했고 같은 해 교원대학교에 입학했는데 담임하랴, 방학 중에는 교원대학교 기숙사 들어가 출석 수업하랴, 매월 향토연구회 월례회 참석하느라 정신없이 바쁘게 지냈다. 바쁜 와중에도 일주일에 두세 번 야간자습이 끝나고 밤 11시에 향지문화사에 들려 은진송씨 문헌 등 개괄적인 말씀을 들으면서 확인하고 12시 반쯤 헤어져 집에 갔다. 방학 중에는 교원대 학생으로, 매월 한 번은 향토연구회 회원으로, 일주일에 두세 번은 향토사 연구가로, 그렇게 바쁘게 보내면서 많은 일을 했다.

향토사에 푹 빠져 사는 동안 향토사에 애정이 깊은 향토연구회 분들과 친분을 쌓을 수 있었다. 『은진송씨 세적록』을 번역하신 석정 송각헌 선생은 머리가 좋아 영어, 러시아어 등 6개 국어를 자유롭게 구사하는 분이셨다. 또, 50여 년 전부터 대종중에 관여하신 은진송씨 산 역사 심농 송진도 선생, 한학에 밝고 꼿꼿한 학자풍의 석음 송창준 선생이 계셨는데 춘강 김영한 선생과 함께 고문서 번역을 해주셨다. 송파 송용재 선생은 주로 사진 촬영과 비문 탁본을 맡았으며, 이미 번역된 고문서를 현대적 감각으로 윤문하는 일도 했다. 석정, 심농, 석음, 송파 등 7,80년대 은송 문헌을 정리한 분들을 만나 말씀을 듣는 것은 큰 도움이 되었다. 한 분 한 분 거론하는 것만 해도 가슴 벅찬 대단한 양반들이다. 그 모태는 춘강 김영한 선생이었다.

춘강 선생은 충남향토연구회의 뿌리였다. 이전 도청에 근무하실 때부터 고전연구와 수집에 관심이 많으셨기에 1981년 정년퇴직하고, 한남대학교에서 박물관 개관준비위원을 하고, 1982년 한남대 중앙박물관으로 개관하여 그곳에서 자문역을 하고 계셨다. 1983년 당시 유흥수 충남지사가 자매결연한 일본 구마모토현熊本縣을 돌아보던 중, 역사전시실을 보고 느낀 바 있어 구마모토현 사료실을 벤치마킹한 도정사료실을 만들게 되는 산파 역할을 하게 된다. 1983년 7월 1일 춘강 선생이 연구위원으로 일을 시작하게 되면서 춘강 선생의 자료와 지인들의 소장품 등 충청남도에 대한 많은 자료가 모아지고, 이듬해인 1984년 1월 5일 충남도청 본관 2층에 사료실을 개관하게 된다. 그리고 심농 송진도, 구봉 서봉식, 송파 송용재 등 전 현직 공무원의 발의로 자생적 조직인 충남향토연구회가 설립되었다.

춘강 선생은 개신교를 믿고 있으며 어느 특별한 성향 없이 활동한 걸로 알고 있다. 당시 노론 계열은 대전역 앞 중앙로에 심지 다방, 소론 · 남인계의 인사들은 대전경찰서 옆 남양다방, 이렇게 나뉠 정도로 색에 대한 구분이 심한 때였다. 춘강 선생은 어느 부류도 다 포용할 정도로 성품이 좋았다. 이런저런 색과 관계없이 많은 인사들과 교류를 나눴다. 그러니 충남사료실에는 늘 사람들이 오고 갔다.

송파 선생이 "만나서 얘기하는 것도 좋지만 체계적인 조직을 갖추는 게 어떠냐?"고 제의해서 조직된 결정체가 충남향토연구회로 발전하게 되었다는 거다. 그때 창립회원들의 중론이 모임의 전제를 충남 향토와 관련이 있는 것을 수집하되, 학자가 아니니 재료를 발굴하고 해석을 붙여서 조그만 자료집 정도로 만들자 해서 창간호부터 4집까지는 출처는 물론 누가 썼다는 것도 안 밝혔다.

초창기 회원들의 구성원은 춘강 선생을 중심으로 하여 아는 지인들끼리 모여졌다. 고인이 되신 송파 송용재 선생은 "충남 향토연구회는 그래도 이 지방의 명문가들이 모여서 만든 단체야. 향토사의 기본은 그 지역의 씨족 종족의 역사지. 향토사 하는 분들이 '민중' 운운하면서 굿이라든지 무용, 장승 등을 파는데 그러한 일을 벌일 수 있도록 판을 벌여준 것이 유력한 양반 사족이야. 그러니 씨족사를 해야 하네."라시며, 나에게 동춘당가의 사적을 모으고 정리하고 복사라도 해 놓으라고 당부하셨다. 또, 매달 모임이 있을 때 춘강 김영한 댁에 들려서 모시고 다녔기 때문에, 차 안에서 이 지역에서 일어났던 많은 비사를 들을 수 있었다. 우리 집안이나 안동김씨, 광산김씨의 문중 이야기 등, 이때 오가며 옛이야기처럼 편히 들은 것들이 나의 지적 자산이 되었다.

우리 은진송씨 문중 문헌의 대표적 연구자라 할 수 있는 심농 송진도 선생, 석음 송창준 선생, 송파 송용재 선생 등을 모시고 그분들과 같이 활동했다는 것은 크나큰 행운이었다. 노인들은 하나의 큰 도서관이라는데 문중 역사의 산증인들 세분을 직접 모시고 이야기를 듣고 배울 수 있는 혜택을 누렸다는 점은, 나 이후 전무후무할 것으로 생각된다.

선배 어른들에게서 들었던 이야기들을 발판 삼아 열심히 자료를 찾으며 향토사들을 정리해갔다. 그리고 그 과정에서 정리되거나 알게 된 것을 지면을 통해서나 답사를 통해서 전달하게 되었다. 지금까지 이렇게 선배들에게 받은 것을 후배들에게 전승시킬 수 있도록 지혜와 지식을 준 것에 대해 감사하는 마음을 갖고 있다. 앞으로도 건강이 허락하는 한 하고 싶고, 또 숙명적으로 반드시 해야 할 나의 일이다.

문중 연구

도련님 왕따로 살아야 했던 명문가 후손이라는 부담감은 어른이 되어서는 문중에 누가 되지 않으려는 책임감으로 작용했다. 거기에는 스스로 지어놓은 한계도 있었던 것 같다. 하지만 살아가는 동안 많은 덕을 누리게도 되었고 선조들에 대한 자부심 또한 느끼게 되었다. 가문을 이야기할 때가 있는데 은진송씨라고 하면 바로 학자의 집안이니 선비의 집안이니 하는 말로 양반 대접을 받았다. 특히 영·호남 지방을 여행하면서 나이 지긋한 마을 어르신들을 만날 때는 예를 갖춘 깍듯한 인사까지 받게도 되었다. 예전 퇴계 선생 후손과의 만남이 그중 하나였다.

2005년 충남여고에서 아이들을 데리고 안동지역으로 수학여행을 간 적이 있다. 그때 퇴계 선생 종택인 추월한수정秋月寒水亭에도 방문하였는데 마침 집안에 종손이 계셔서 우리를 맞이해 주셨다. 15대 종손이신 이동은 옹은 당시 아흔 여섯이셨는데 아주

정정하셨고, 차 종손 이근필 씨도 같이 계셨다. 인사를 나누고 이런저런 얘기 끝에 동춘 선생 11대손이라고 밝히자 종손께서 너무나 반가워하시면서 갑자기 벌떡 일어서시는 거다. 아흔여섯 살을 바라보는 어르신이 이제 쉰 대에 들어선 나를 향해 큰절을 올리시기에 얼떨결에 일어나 맞절하였다. 그때 어르신께서 절을 하시면서 "동춘 선생께서 우리 선조 퇴계 선생을 얼마나 공경하고 존숭했던지 돌아가시던 해, 꿈속에서 선생을 뵙고 가르침을 받은 후 이후 그 일을 시로 적으셨지요. 그 시가 생각나는군요." 하시면서 「기몽記夢」이라는 시를 읊어주셨다. 너무나 반갑고 고마운 일이었는데 얼굴을 들 수 없을 만큼 부끄럽기도 했다. 퇴계 후손분이 들려주시는 시를 듣고 있자니 막연하게 시의 존재만 알고 있었을 뿐 시를 읽고 가슴에 새기는 것은 생각조차 하지 않은 나 자신이 반성이 되었다. 너무나 큰 자극이었다.

기몽記夢

송준길

평생토록 퇴계 선생 공경하고 우러르니
세상 떠나셨어도 그 정신 감통 시키네!
오늘 밤 꿈속에서 가르침 이어받고
깨어보니 달빛만 창가에 가득하구나!

平生欽仰退陶翁
沒世精神想感通
此夜夢中承誨語
覺來山月萬㦙櫳

동춘당 송준길 선생은 학통으로는 기호학파 율곡을 따랐지만, 영남학파 퇴계를 공경해왔다. 얼마나 흠모했으면 꿈속 만남의 감흥과 반가움을 시로 적어 놓으셨을까? 동춘당 선생의 간절함이 담긴 시를 퇴계 선생의 후손에게 직접 들으니 감회가 새로웠다. 그 자리에서 다음에 다시 찾아와 저도 시 한 수 읊어드리겠다고 했고, 정말 약속대로 2년 후에 다시 찾아가 퇴계 선생의 시 「연곡온계燕谷溫溪」와 동춘 선생의 시 「기몽記夢」을 외워 드렸다. 이후, 연락이 계속 이어져 소식을 주고받던 중에, 공주대 이치억 교수가 퇴계의 17대 차 종손인 것을 알게 되어 서로 도움을 주고받는 인연이 되었다. 선조들이 맺어주신 소중한 만남이다. 생각해보면 나는 여러모로 선조들의 덕을 많이 받았다. 문중사를 연구할 수 있는 것 자체도 그러하지 않은가.

교원대에서 졸업논문을 준비하며 처음에는 송씨 문중의 산림에 관해 연구하려 했다. 논문을 찾아보고 여러 전문가에게 부탁해 자료들을 취합하는 등 구상을 하고 있었는데 지도교수님이 주제가 너무 넓으니 좁혀서 동춘당 선생에 초점을 맞추란다. 그렇게 해서 어렵사리 준비해서 『宋浚吉의 學問과 思想』으로 1997년

2월 한국교원대학교 교육학 석사학위를 받았다. 이 과정에서 단국대학교에 엄기표 교수(당시 교원대 역사교육과 조교)의 세심한 지도로 논문이 완성되었음을 밝히고 고마움을 표한다.

논문 주제를 바꾸고 나니까 그동안 산림에 대해 모아놓은 것들이 아까웠다. 귀한 자료들을 어찌할까 하다가 재야에 묻혀 학문을 연마하던 산림 유생인 12인에 관한 생애를 정리해보는 것도 좋을 것 같아 『조선조 송산림에 관한 연구 – 신후문자를 중심으로』라는 제목으로 글을 썼다. 은진송씨 문중의 신후문자를 번역 정리하여 산림 연구자들에게 제공하면 도움이 될 것 같아서다. 이미 석음 송창준 선생께서 신후문자를 번역하고 계시는 중이었는데 그것과 함께 열두 명의 산림들에 대한 정보도 제공하면 좋을 것 같아 그렇게 구성하였다. 의외로 자료가 방대하여 금곡 송래희 산림이 지은 동춘당 송준길 가장 등 몇 가지가 빠졌는데, 지금도 누락된 자료에 대한 아쉬움이 남는다.

동춘당 선생에 대한 논문과 산림에 대한 글을 쓰는 과정에서 동춘당 자손으로서 갖추어야 하는 동춘당에 대한 이해를 더욱 넓힐 수 있었고, 쓰는 과정에서 전국적으로 산림 분야 연구자들과 소통할 수 있는 계기를 가질 수 있었다. 이후 『은진송씨 종보』를 연재함으로써 문중 이해는 물론 대전지역 향토사 연구에 박차를 가하게 되었고 도미노처럼 이어지는 연구들이 나를 향토 연구자로 성장하게 했다.

문중의 유적지를 돌며 답사하고 연구를 이어가다 보니 자연 직계 묘역에도 관심이 가는 거다. 8대조 학생공 요필부터 조부 시종공(미산공) 종국의 산소를 그냥 넘길 수 없어 기록을 찾아보니 안타깝게도 묘갈명과 묘지명, 가승 등을 찾을 수가 없었다. 한국전쟁 때 미군의 공습으로 사당에 보관 중이던 모든 집안의 자료들과 문헌들이 다 타버린 거다. 집과 함께 전소되어 없어졌다는 것을 좌빈 종형님께 들었을 때, 그 허탈감이란 이루 말할 수 없었다. 기록이 없었으니 구전으로 떠도는 이야기들을 들을 수밖에 없었는데 실체가 없이 듣는 것은 한계가 있고 정확지도 않아 갈증만 더했다. 기록을 찾아야겠다는 일념으로 수소문하던 중에 심농 송진도 선생이 편찬한 『은진송씨 문헌록』(1972)에서 선대 묘역의 묘도 문을 발견하게 되었다. 그것은 환희였다. 보존하는 것이 얼마나 중요한 것인지를 새삼 느끼게 되었다. 그리고 소중한 자료들을 좀 더 많은 사람이 편하게 볼 수 있도록 한글로 해석하는 작업을 했다. 9대조 송월당 상주공 병익부터 시종공 조부 종국까지 묘도 문을 번역 정리하여 『주산가승注山家乘』을 펴냈다. 그 윗대는 『은진송씨 세적록』, 『은진송씨 금석록』, 『은진송씨 선적사』 등에 수록되어 있으므로 생략했다. 심농 송진도 선생이 『은진송씨 문헌록』을 편찬해 주신 것이 발판이 되었고, 석음 송창준 선생의 번역과 책 출간까지 지도 편달을 아끼지 않으신 향지문화사 송파 송용재 선생의 도움이 있어 가능한 일이었다.

또, 문중의 일에 보탬이 된 것 같아 보람을 느낀 일이 있다. 2000년대 동춘당 송준길 선생과 우암 송시열 선생의 유적이 문화재로 지정될 수 있도록 도운 일이다. 동춘당 종중에서는 당시 충청북도 부강면 금호리 2구 서원말(현재 세종특별자치시 부용면 금호리)에 있는 '금담서원지'에 있는 '보만정과 금담서원 묘정비'를 문화재로 지정하기 위해 충청북도에 공문을 올렸으나 계속 탈락하였다는 것이다. 보냈던 자료를 받아보니 구태의연한 문구와 허술한 내용이 내가 봐도 부족한 점이 있었다. 그때부터 자비로 십여 차례 오가면서 공문을 작성하고 당시 충청북도 문화재위원으로 계신 호불 정영호 교수님 서울 자택을 방문하며 도움을 얻었고, 문서를 보완한 끝에 2002년 1월 11일 보만정 및 금담서원 묘정비를 충청북도 문화재자료로 지정받게 되었다.

이후 동춘당 종중을 통하여 수옹 경헌공(우암 선생의 아버지 갑조) 종중에서 우암 선생 탄생지인 이원면 구룡리 마을 입구에 있는 「수옹 송선생 유기비」를 문화재로 지정하려는데 어려움을 겪는다는 것을 듣게 되었다. 경헌공 종중에 알아보니 아무리 충청북도 문화재과에 서류를 올려도 매번 탈락이니 현대적인 감각으로 문서를 작성해달라며 부탁하시는 거다. 정영호 교수님 외에 대학 선배인 충북대학교 역사교육과 차용걸 교수님도 계셔서 두 분을 찾아뵙고 많은 도움을 받으며 서류를 보완했다. 정영호 교수님과 차용걸 교수님의 공통된 의견이 있었는데, 바로 종중의 의견이 모아져야 한다는 거다. 우암 선생 종손댁과 경헌공 종중의 의견이 서로 달라 자칫하면 어느 한쪽의 민원이 생길 수가 있다는 것이다. 비석이 100년이 안 된 것도 문제가 되었다. 이후 문중 양측의 의견을 모으고 문서를 보완하고 제출하여 2006년 4월 7일 자로 「수옹 송선생 유기비[睡翁 宋先生 遺記碑]」가 충청북도 문화재자료로 지정받았다.

은진송씨 양선정兩先正의 두 유적을 내 노력으로 문화재로 지정하도록 도움 준 것은 흐뭇하고도 자랑스러운 일이다.

나는 철이 들면서 내가 이렇게 건강하게 사는 것이 조상의 음덕이라는 것을 자주 생각해 본다. 『은진송씨 종보』에 「선조의 유적 순례」를 쓰면서 그 생각은 더욱 깊어졌다. 선조들의 묘소에 수시로 성묘하면서 우리 은진송씨가 사회에 공헌하면서 살고 있는 것은 본인이 똑똑해서가 아니라 조상의 음덕이 작용하고 있다는 것을 확인할 수 있었다. 관동 류조비 산소, 판암동 산소골 쌍청당 묘역, 산내 이사동을 중심으로 한 목사공 이하 양근공, 선무랑 묘역을 보면서 우리 선조들이 조상을 정성과 노력을 다해서 섬겼기 때문에 가문이 융성할 수 있었음을 절실히 느끼게 되었다. 조상과 부모님을 등한시하고 공경하지 않고서는 복을 받을 수 없다.

잊지 못할 테니스 친구들

1989년에 대전여자고등학교 근무를 마치고 동대전고등학교에 근무하게 되었다. 당시 동대전고는 야간 특별학급이 있어 처음 부임하면 야간을 맡게 된다. 나도 예외가 아니어서 1년 동안은 오후 4시에 출근하여 10시에 퇴근하게 되었다. 늦게 출근하게 되니 낮에 시간이 무료해 무언가 소일거리를 찾아야 했는데, 무얼 해야 하나 고민하던 중, 아파트 단지에서 테니스 레슨 하는 걸 보게 되었다. 문득 전임 학교인 대전여고에 근무할 때 활발히 활동하던 테니스 동호인들이 생각났다. 그들은 퇴근 후에 모여서 테니스로 체력단련을 하며, 토요일이 되면 약간의 술과 점심을 시켜놓고 서로 재미있게 즐기고 있었는데 그 모습이 인상적이었다. 그들이 운동하고 즐기는 모습은 운동신경이 둔한 나에게는 감히 범접할 수 없는 신선놀음 같았다. 부러웠고 언젠가 나도 도전해보겠다고 마음먹었다.

하고 싶다는 마음만 먹었을 뿐 엄두를 못 내었는데 때가 온 것이다. 큰마음 먹고 배우리라 작정하고 즉시 아침 시간을 택하여 레슨을 신청하였다. 주 5일 매일 테니스 레슨을 받기 시작했다. 본래 운동신경이 없어 한 달이 지나도 두 달이 지나도 도무지 진도가 나가지 않았다. 앞으로 손을 쭉 뻗으며 라켓에 공을 맞히기만 하면 되는데 그 간단한 것이 마음대로 안 되었다. 해도 해도 늘지 않았다. 처음에는 창피하고 답답하다가 조금씩 강사님의 눈치까지 보기 시작했다.

배우는 나만큼이나 가르치는 강사도 속이 터졌다. 어느 강사가 라켓을 집어던지며 “이제 나오지 마세요. 도저히 가르칠 수 없으니 나오지 마세요.” 할 정도였는데 그래도 나갔다. 연습하기 위해 새벽에 아파트 뒷산 묘소 앞에 라켓을 들고 올라가 몸동작을 연습했지만 어렵기는 마찬가지였다. 이를 보다 못한 아내가 왜 그렇게 진도가 나가지 않느냐며 답답해하면서 뭐가 그렇게 어려운지 자기도 배워봐야겠다며 등록했는데, 일주일도 안 되어 석 달이나 친 나보다 더 잘 치고 진도도 더 빨리 나가는 거다. 자존심이 상할 상황이었지만 전혀 그렇지만은 않았다. 나는 정말 운동신경이 없었고, 나와 반대로 운동신경이 발달한 아내가 같이 테니스를 쳐준 덕분에, 옆에서 배우며 하나씩 기본기를 익힐 수 있었기 때문이다. 그만 나오라는 강사에게 사정사정하면서 근 1년 레슨을 받았다. 야간근무를 하는 1년 동안은 빠지지 않고 열심히 테니스를 배웠다. 그 덕분에 겨우 테니스 치는 흉내를 내게 되었다.

그해 말 같은 비래동 현대아파트에 사는 초짜들이 모여 부부 테니스클럽을 결성하였다. 그 이름이 용봉 테니스클럽이다. 비래동 뒷산의 이름이 용봉산이기 때문에 그 명칭을 딴 것이었다. 아내가 파트너가 되어 수시로 난타도 쳐주고 연습을 꾸준히 하여 회원들과 서로 어울릴 정도로 되었다. 우리는 토요일 일요일 거의 매주 테니스장에서 모여 뛰고, 먹고, 놀고, 비가 와도 모여서 단체로 영화도 관람하고 즐겼다. 우리는 팀 이름을 '뛰 · 놀 · 먹'팀 이라고도 했다. 부족한 남편을 이끌고 '용봉 뛰 · 놀 · 먹' 팀에서 같이 놀아준 아내에게 항상 감사하게 생각하고 있다.

우리 모임은 회원들이 모두 같은 아파트에 살고 있어 생활 수준이나 의식구조가 비슷해 무리 없이 서로 잘 어울릴 수 있다는 장점을 갖고 있었다. 특히 8쌍의 부부가 함께 회원이기 때문에 남자끼리 여자끼리 모이는 다른 모임과는 크게 다른 점이 자랑거리라 할 수 있었다. 실력은 초짜지만 다른 모임들이 부러워하는 단체가 되어 있었다. 우리 용봉 테니스 모임의 특징은 어머니 회원들이 주도권을 가지고 이끌었기 때문에 활력이 넘쳐흘렀다는 점이다.

우리 회장은 명목상으로는 연장자인 박상순 상무이사가 했지만 실제로 어머니회장인 고효숙 씨가 회장이고, 총무는 주로 서성열 회원의 부인 장혜경 씨가 맡아서 재미있게 운영하였다. 좋은 음식이 생기면 서로 집에 초대도 하고 제사를 지내면 제삿밥도 나누어 먹는 등, 하루라도 안 보이면 서운할 정도로 서로를 사랑하며 아끼면서 한 가족처럼 지냈다. 이처럼 효정 테니스장에 여러 테니스 클럽이 있었지만 가장 재미있는 모임으로 성장했다. 그러나 세월이 흐르면서 90년대 말부터 하나둘 인사이동으로 서울로 가고, 전민동이나 유성구 궁동 등 신도시로 흩어지면서 1년에 두 번씩 만나는 모임으로 바뀌었다. 우리는 비래동에서의 정을 잊지 말자는 의미로 '한울타리 테니스클럽'으로 이름을 바꿨다. 2014년 이후에는 고령이 되어 건강이 나빠진 회원과 아픈 사람도 있어 테니스는 못 치지만 매년 한두 번 정도는 서로 만나는 모임을 지속하고 있다

테니스로 만나 30여 년을 유지한다는 건 어려운 일이다. 부부클럽이기 때문에 서로 나포가 형성되어 가능하지 않았나 생각이 든다. 특히 이 모임에서 가장 혜택을 받은 사람이 나 아닐까 생각이 든다. 내가 감히 어디서 테니스를 친단 말인가? 그래도 여기서 훈련을 받았기 때문에 학교 임지를 옮길 때마다 이사하면 그곳 동네 테니스 모임에 가입하여 아파트 주민과 어울리며, 학교 직원끼리 즐기기도 하면서 스포츠맨으로 활동했다. 정년퇴직을 앞두고 시비에 휘말리지 않도록 노력을 많이 했다. 행사와 답사를 많이 다니고 주로 밖에서 나돌았다. 답사가 없는 날은 이웃 동호인들과 테니스를 치면서 가깝게 지냈다. 운동신경이 둔해서 스포츠에 별 취미가 없었다. 그렇다고 화투치기나 내기하는 투전 같은 것은 아예 접근도 안 하고 오직 술 마시고 산행하는 것으로 취미 삼아 주말을 보내던 나는 동대전고에 부임해서 야간을 맡게 된 덕분에 테니스를 배우게 되었고 그것은 나에게 무척이나 큰 변화를 주었다.

내 인생을 한 단계 업그레이드시켜주고 풍요롭게 해준 테니스는 지금도 잊지 못할 추억이다. 둔한 나를 테니스 세계로 이끌어준 윤영옥 사장, 실력은 현격한 차이가 있어도 불쾌한 기색 없이 수시로 난타를 쳐주며 상대해주었던 박용우 해태제과 대전지점장, 수시로 멋진 맛집에서 음식을 대접하여 모임 활성화에 이바지한 대전지방국토관리청에 근무하던 서성열 회원 등 회원들 모두 나의 인생 스승으로 감사한 사람들이다.

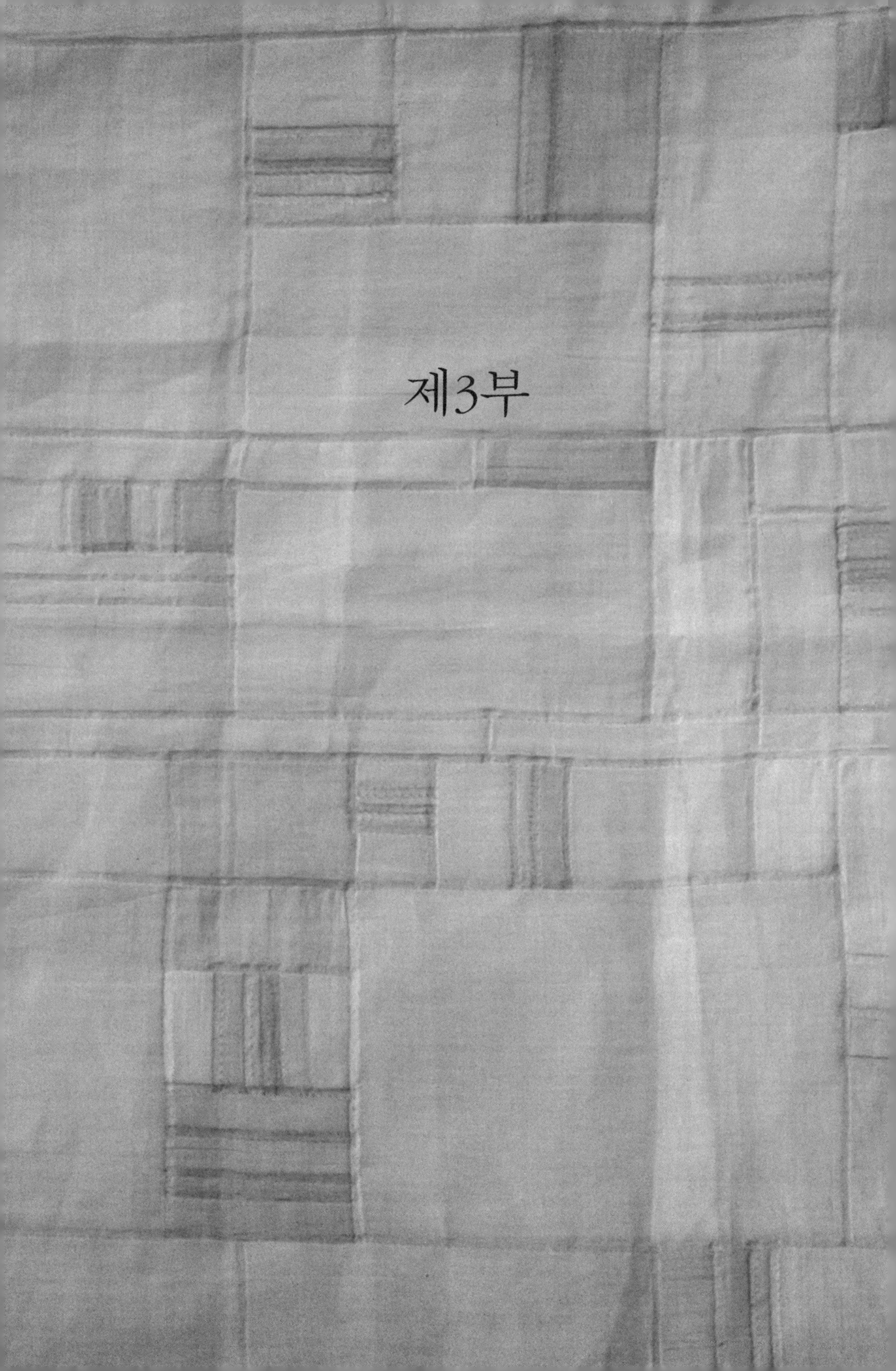

제3부

생애 최고의 만남

살면서 가장 잘한 게 무엇이냐 묻는다면 자신있게 답할 게 있다. 아내 진순이를 만난 것이다. 아니, 만난 게 아니라 끝까지 포기하지 않고 따라다닌 거라고 답하는게 맞겠다. 싫다는 사람을 내내 만나 달라고 애원하며 고향 집이며 언니 집까지 쫓아다녔으니 말이다.

복학생 시절, 청주까지 찾아가 미팅을 한 적이 있다. 군 복무를 마치고 충남대학교 사학과 4학년에 복학해서 학교생활을 하던 시기였다. 군에서 ㅇㅇ병으로 여기저기를 탐색하며 다니는 외근 근무를 하다가 책상에만 앉아 있으려니 도무지 집중이 안 되고 답답하기만 했다. 마침 우리 과에 복학생 6명이 있었는데 모여서 작당하다가, 누군가 이참에 미팅이나 해보면 어떻겠냐고 제안했고 다들 동의했다. 먼저 목동에 있는 전문 여자대학을 시작으로 공주 교대, 사범대 등에 미팅을 연결했지만 어째 인연이 닿지 않았다. 마지막으로 충북대 가정과와 미팅을 해보자 하여 청주 충북대학교 가정관으로 찾아갔다. 거기 가서 과 대표를 만나 우리가 여기 온 사유를 말하고 미팅을 주선해달라고 부탁했는데 의외로 일이 잘 풀려 미팅이 성사되었다.

1976년 10월 14일 청주 장글 제과에서 가정과 3학년 학생들을 만났다. 그때 뽑기에서 만난 인연이 오늘날 우리 안사람 진순이다. 7:7 미팅을 하면서 파트너를 정하기 전 서로 이야기를 나누는데 유독 한 여학생이 눈에 띄었다. 처음 보는 사람들 앞에서도 자기 하고 싶은 이야기를 다 하는 거침없는 여학생이었다. 늘 주눅 들어, 남의 눈도 제대로 마주치지 못하는 숙맥이었던 나에게 그 모습은 얼마나 멋있고 당당해 보였는지 모른다. 체구는 작지만 야무진 생김새에 똑 부러지게 말하는 자신감이 넘치는 그 모습이 아주 마음에 들었다.

첫 만남에서 아내는 나를 좋게 생각하지 않았다고 한다. 마음에 안 들었기에 다시 만날 생각도 없었단다. 남들이 보기에도 그랬는지 미팅에 같이 갔던 친구 중 한 명이 나와는 어울리지 않는 것 같으니 일찌감치 포기하라고 조언해주기도 했단다. 여학생이 나보다 훨씬 유능하고 똑똑해 보였으니 당연한 얘기다. 하지만 나는 처음 본 순간부터 좋은 느낌을 받았던 여학생과 짝이 되었으니 얼마나 기뻤겠는가. 운명이 만들어 준 이 기회를 놓치지 말아야겠다는 생각이 들었고, 지금 이 여자를 놓치면 다시는 이런 사람을 만나지 못한다는 예감까지 들었다. 나아가 그녀와 혼인 못 하면 다른 어떤 여자를 만나도 혼인할 마음이 생기지 않을 것 같은 강박관념 같은 것이 생겨 어떻게 해서든 그녀의 마음을 얻으려 노력했다.

그녀는 나를 좋아하지 않았다. 하지만 모진 사람도 아니었기에 청주에 있는 학교로 찾아갔을 때 만나는 주었고 술 사달라고 하면 마다하지 않고 사주었다. 미호천에서 막걸리를 많이도 얻어먹었던 것 같다. 그땐 남자가 주로 돈을 쓰던 시대였는데 아내는 얻어먹는 나에게 흔쾌히 사주었다. 야무지고 사람 좋은 그녀는 친구들 사이에서도 인기가 많았다. 그녀가 단짝 친구 두 명과 함께 울릉도에 놀러 갔을 때 풍랑이 일어 배가 뜨지 못해 오랫동안 머물러 있어야 했는데, 그때 가져간 경비가 다 떨어져 쩔쩔매고 있을 때, 자기 금반지를 맡겨서 경비를 충당한 에피소드도 있었다고 한다. 셋 중 가장 없이 살았던 형편이었음에도, 어려움이 닥쳤을 때는 통 크게 해결하는 멋진 여성이었다.

당당하고도 여장부 같은 성품은 집안 내력 같았다. 나를 별로로 생각하는 그녀와 내가 혼인할 수 있었던 건 장인 어르신 덕분일지도 모른다. 그나마 장인 어르신이 나를 좋게 보아주시고 어여삐 여겨주신 덕분에 아내를 포기하지 않고 쫓아다닐 수 있었고 결국 혼인에까지 이르게 되었다. 후일 들으니 장인께서는 내가 성실하고 가정을 책임질 줄 아는, 마누라를 먹여 살릴 수 있는 사람으로 믿음이 갔다고 하셨단다. 어쩌면 장인 어르신이 나를 미더워하시는 것보다 내가 장인 어르신을 좋아하는 마음이 더 클 것 같다.

방학 때 아내의 고향 집을 찾아가 처음 뵈었을 때부터 남다른 분이구나 싶었다. 장인은 한국전쟁 때 친구분과 둘이서 대치 중이던 전선을 뚫고 월남하신 분이셨다. 전쟁이 끝난 후 고향에 두고 온 가족들 소식이나 알아보려고 여수 피난민 촌에 들렀다가 궁금했던 가족 소식은 듣지 못했지만 대신 월남한 고향 분들을 만나 여수에 정착하게 되신 거다. 하지만 자녀교육에는 남다른 열정을 가지고 계셨기에 열심히 자녀교육을 했다. 장인은 함경도 북청 분이시다. 북청 사람들은 부지런하고 자녀교육 잘하기로 유명하다. 한강 물을 길어다 팔아 자녀교육을 한 사람들인데 장인 역시 교육을 최우선으로 하는 분이었고, 당신도 무척이나 아는 것이 많으신 분이셨다. 장인과 밤새도록 소주를 마신 적이 있는데 그때 장인 어르신의 해박함에 놀란 적이 있다. 사학과 다닌 나보다 훨씬 역사의식이 있고, 아는 것도 많았다. 솔직히 역사를 전공한 나보다도 잘 알고 계셔서 부끄럽고 창피했다. 가족들끼리 앉아서 이야기 나누는데 문학작품 이야기나 흥사단 이야기 같은 것을 화제로 주고받는 것도 인상적이었다. 풍족한 살림살이는 아니지만 정을 나누며 살고, 사람들이 드나들고, 또 인문학적인 화제로 대화하는 집안 분위기가 마음에 들었다.

그리고 처가의 집안 분위기가 너무나 화기애애하고 좋았다. 집안 형편은 어렵지만 처남들의 친구들이 수없이 놀러 오고 밥 먹고 가고 그야말로 사람 사는 냄새가 나는 집이었다. 내가 늘 꿈꾸던 화목한 가정의 모습이었다. 처가댁은 국수 장사를 했는데 장사하면서도 손님을 봐 가면서 양을 조절해 주었다. 없는 사람이 와서 부족하게 시키면 넉넉하게 양을 주었다. 특히 장인어른이 그랬다. 그때만 해도 돈 달라고 구걸하는 사람들이 많았는데 인심 좋은 장인은 자꾸 주려고 하고 장모님은 그러면 계속 찾아와 달라고 할 테니 그만 주라고 말리기도 했다. 그래도 큰 처남 친구들이 매일 예닐곱씩 와서 국수를 먹는 것은 언제나 기꺼이 받아들이셨다고 한다.

그런 집안 환경에서 자란 딸을 만나 한눈에 반한 나는 첫 만남 이후 결혼하기 전까지 한눈 한번 팔지 않고 살았다. 졸업 후 체육고등학교에 있었는데 학교에 화장품 장사하는 아주머니들이 좋은 아가씨가 있다고 중매하고, 하숙집 아주머니가 딸과 연결을 시키려고 빨래를 해주는 등 노력을 했어도 단호히 거부했다. 나는 중매를 하기 위해 여자를 만난 적이 한 번도 없다. 내 마음이 약해서 만나면 혼인해야 하는 것 아닌가? 어떻게 거부하나 그런 생각을 했기 때문에 혼인을 위해 여자를 만난 적이 없다. 그러니까 대학 4학년 때 아내를 만난 이후 결혼 전까지 이런 저런 중매나 만남의 기회가 있어도 마다하고 아내만을 보고 지낸 것이다.

당연한 일이겠지만 야무지고 지혜로운 아내를 우리 집안 분들도 환영했다. 아버지와 종형이 아내를 보러 여수까지 다녀오셨다. 집안에서 우리 아버지나 큰집 종형한테 칭찬받는 경우는 거의 없다. 그 정도로 까다롭다. 그런데 우리 집사람은 예외였다. 굉장히 똑똑하고 명철하다고 아버지나 종형한테 칭찬을 많이 받았다. 1978년 가을로 생각된다. 아내가 처음 줄미에 왔을 때 큰집 종형수께서 아내를 보고 "작은아버지가 말씀하시기를 작은 며느릿감이 명랑하다고 좋아하셨다."라고 전했다. 괜히 으쓱해지는 것이 기분이 좋았다.

1979년 10월 14일 당시 대전은 갑년 전국체전이 열리는 중이어서, 온 시내가 꽃으로 덮여 우리를 축복하고 있었다. 대흥동 천주교회 앞 시온 예식장에서 고향 어른과 집안 당내간 친구들의 축하를 받고는 부산 해운대 호텔로 신혼여행을 갔다. 이후 남해 관광을 마치고, 여수 처가에 들려 신고하고, 그렇게 며칠을 보내고 학교로 출근했다.

이후 며칠 있다가 어마어마한 사건이 터졌다. 박정희 대통령 피살사건인 10 · 26사태였다. 온 나라가 놀라 술렁이는 일생일대의 사건이었는데 개인적으로도 가슴을 쓸어내려야 하는 위기였다. 만약 조금 늦게 결혼식 날짜를 잡았더라면 어땠을까? 계엄령이 선포되는 삼엄한 상황에서 제대로 혼인했을지 의문이었다. 아무튼 앞으로 국내정세에 어떤 엄청난 일이 벌어날지 전혀 모른 채 온 시내가 꽃으로 덮인 속에 행복한 결혼식을 치뤘다.

우리는 혼인 후 처음부터 서로 신뢰하는 사이였지만, 젊어서부터 나는 남편의 역할을 제대로 못 하고, 내 일만 열심히 했다. 가정사의 모든 일은 다 아내에게 맡겼으니 얼마나 고되었을까! 너무 아내를 혹사한 것은 아니었나 싶어 요즘 들어 미안한 마음 자꾸 올라온다. 참으로 나를 만나 고생을 많이 하고 지금도 고생하고 있다. 아내는 시아버지 병시중부터 시작하여 처형, 친정어머니, 그리고 내 병시중 등 근 20여 년 온갖 험한 일을 불평 없이 해냈다. 아내를 바라보노라면 처량한 생각뿐이다. 많이 반성하고 있다.

아버지로 인하여 복잡한 우리 집 형편으로 볼 때, 그 사정을 잘 아는 사람이라면 절대 시집 안 온다. 그런 집안의 취약점을 잘 알기 때문에, 내가 아내를 직접 구하지 않으면 장가도 못 갈 처지였다. 우리 당내간에서 남자가 연애로 혼인한 것은, 내가 처음이라고 한다. 누가 중매도 안 설 것을 알기 때문에 스스로 내가 선택할 정도로 혼인 문제는 심각했다. 결과적으로 내 선택은 잘한 것 같다. 집안 여러 친척은 물론, 나를 아는 지인들도 인정했다. 아내는 어떤 여건하에서도 집안을 잘 이끌어주어 그저 감사할 따름이다. 특히 봉제사 접빈객을 잘했다. 손님이 오면 최선을 다해 대접했다. 우리 집에 사람들이 많이 왔는데 항상 잔칫상처럼 정성을 들여 손님을 대접했다. 테니스 친구 부부, 학교 직원, 집안 행사 등 그런 큰일을 잘했다. 그래서 나는 한 일도 없으면서 사람들에게 칭송받았다.

다시 선택한다고 해도, 아내가 올지는 몰라도, 나는 다시 택할 것이다. 열심히 베풀고 가정 살림을 빈틈없이 처리하고 손님 접대는 최선을 다해서 해내는 진순이 같은 사람을 내가 무슨 복이 있어서 같이 살게 되었는지 모르겠다.

바람 잘 날 없는 많은 날을 보내면서도 절대 징징거리지 않고 모든 일을 대범하게 처리했다. 집 사는 문제, 이사하는 문제, 아버지를 모시는 문제, 제사 모시는 문제 등 거침없이 해냈다. 너무나 고마운 내 의지처이다. 또, 옆에서 같이 연구하며 공부하는 도반으로서의 역할도 최고이다. 그러기에 우리는 그동안 서로

존중하며 생활한다. 또한 모든 일을 상의하며 처리하는 멘토 역할을 하고 있다. 나로서는 아내를 만나고 아내의 곁에서 받은 모든 것이 최고의 선물이었다. 과거도 지금도 항상 아내에게 감사할 따름이다.

자격 미달인 쌍둥이 아버지

그렇게 원하던 결혼을 하고 둘이 함께 부부 교사로 잘 지냈지만 사실 속을 깊이 들여다보면 아내의 고생이 많았다. 내가 가정을 잘 돌보지 않았기 때문이다. 무슨 딴짓을 하거나 문제 될 만한 일을 만든 건 아니었지만 집안일에 크게 관심을 쏟지 않았다. 그냥 바깥일이며 내가 하고 싶은 공부에 더 열중하며 보냈기 때문이다. 가정에서는 거의 빵점에 가까울 정도로 등한시했다. 오죽하면 돌아가신 어머니께서 "너 그렇게 행동하면 네 마누라 도망간다."라고 말씀하실 정도였겠는가? 오직 나만을 위하여 생활하고 가정은 안사람에게 부담시키고 했으니 아내 혼자 참 버거웠을 거다. 교사로서 근무하랴 퇴근 후에 집안 살림과 애들 키우랴 정말 바빴을 거다. 모든 어려운 일을 아내에게 부담시켰으니 얼마나 고생했을까! 지금 생각하니 너무 잘못한 것 같다.

우리는 쌍둥이 두 아들을 두었다. 아내는 입덧을 거의 안 했고 특별히 힘들어하지도 않았다. 임신할 때 사과를 자주 먹었는데 주로 본인이 사과를 사다 먹었다. 사과를 사다 준 적이 없다. 그것도 참 미안한 일이다. 임신할 때 섭섭한 건 평생을 간다던데 좀 더 챙겨줄 걸 하는 뒤늦은 후회도 가끔 한다. 쌍둥이를 낳게 되었을 때 우리는 키울 일이 걱정되었지만, 주위 사람들은 아들 쌍둥이라고 좋아했다. 아버지는 작명가에게 물어보고 아이들 이름을 지어주셨는데 처음 받아온 이름은 '쌍룡' 이와 '쌍호' 였다. 무슨 용호상박도 아니고 특이한 이름에 우리가 너무 황당해하자 '용선'이와 '용재'로 다시 지어 오셨다.

학교에 나가면서 두 아이를 키우는 것은 정말 만만찮은 일이었다. 일하는 도우미를 두고 아이들을 돌보게 했는데 밤에도 깨어나 아이들 우유를 타 주고, 해야 했지만 나는 무식해서 별 관여를 하지 않았다. 그나마 밤에 우유 탈 때 가끔 기저귀를 갈아준 게 전부다. 아내가 고생 많이 했고 그때 도와주지 않아 지금도 서운하다고 한다. 전업주부가 쌍둥이 키우는 것도 힘든 일인데 낮엔 학교에 나가 아이들 가르치고 퇴근하고 집에 돌아와 두 명이나 되는 아이들 먹이고 씻기고 놀아주고 재우고……. 아내는 눈코 뜰 새 없이 바삐 종종거렸다. 정말 초인적인 힘을 발휘하여 키웠다. 어머니가 오시면 늘 아내에게 "자식은 아무리 어려워도 반드시 어미가 품고 자야 한다. 어미의 기운으로 크기 때문이다."라고 말씀하셨다. 굳이 그 말씀이 아니더라도 아내는 자기 일을 남에게 맡기지 않을 사람이다. 어렵게 교직 생활을 했어도 용선이와 용재 형제를 훌륭하게 잘 키워냈다. 그 세월을 어떻게 보냈는지 모르겠다. 그때를 생각하면 바쁘고 부산하다는 것 외에는 생각나는 게 없다. 집안은 늘 전쟁터였다.

아이들에게 인자한 부모가 되고 싶었다. 친구 같은 아버지가 되겠다고 마음먹었기에 되도록 둘이 하는 일에 별 간섭하지 않고 관대하게 키운 것 같은데 어찌 보면 관심을 덜 준 것 같기도 하다. 다만 우리 아이들이 특출한 사람으로 자라기보다는 정직하고 부지런한 생활을 하는 사람이 되기를 바랐기에 규칙적인 생활 습관을 키워 주려 애썼다. 아침에 일찍 깨워서 같이 청소하며 시를 외우고, 책을 읽히고 했는데 내 뜻대로 되지는 않았다. 너무 어릴 때부터 일찍 깨워서 그랬는지 아이들은 불만이 많았다. 아침 6시에 일어나 청소하고 성경책 읽고 정해진 내 계획대로 끌고 가며 습관을 만들어 주려 했지만, 아이들 불만만 남긴 채 끝났다. 또, 나처럼 아무것도 못 하는 사람보다는 뭐든지 남들보다 뒤떨어지지 않고 앞서갔으면 해서 피아노나 운동, 주산 같은 것을 많이 시켰다. 그러나 그것도 애들이 따라 주지 않아 얼마 안 하고 그만두었고, 이후에는 하기 싫은 것을 억지로 시키지는 않았다. 아이들 의견을 듣는 것이 중요하지만 어떨 때는 스스로 하고 싶은 마음이 들도록 동기부여를 주고 해야 하는데 그걸 잘 못했다. 학교에 가서 남의 아이들 교육하는 것에만 고민하고 궁리했지 정작 내 아이들을 위해서는 별 한 것이 없었던 거다.

쌍둥이 아들들은 서로가 달라도 너무 달랐다. 거의 같은 시간에 나왔는데도 소심하고 털털하고 성격과 생각의 차이가 크게 난다. 형제가 싸우고 서로 얘기하지 않을 때 어떻게 지도해야 하나 속이 썩고 힘들었다. 잘못 얘기하면 반항하고 두 명 중 어느 한 명을 편들자니 다른 한 놈이 상처받을 것 같고 정말 중재하기가 힘들었다. 그러나 공부는 나의 학창 시절보다 더 잘하는 것 같아 공부하라 소리는 한 번도 안 했다. 하란다고 할 아이들도 아니었지만 말이다. 뭐라 표현할 수 없을 정도로 달랐던 쌍둥이에게도 한가지 공통점이 있다. 둘 다 엄마의 말은 잘 따랐지만 내 얘기는 일방적인 지시형이라고 아주 싫어했다.

될 수 있으면 루소의 에밀에 나오는 것처럼 자연 상태로 키우려 노력했다. 지금 생각해보니 그런 명분 아래 너무 방관자적 입장에서 키우지 않았나 하는 후회가 있다. 직장 일에 대해서 나는 매 순간을 성심을 다해 생활했기 때문에 후회할 일이 없다. 어떤 일이든지 내게 맡겨주면, 즐겁게 내 신조대로 최선을 다하며 해냈다. 지금 똑같은 일이 떨어져도 그 신념에는 변함없을 것이다. 그런데 가정에 대해서는 할 말이 없다. 그저 아내와 아이들에게 미안한 맘뿐이다. 말하자면 나는 쌍둥이를 키울 자격이 없는 아버지였다. 육아건 교육이건 다 서툴렀고 무엇보다 애정이 그리 없었다. 그 당시 내게 집이란 그저 잠자고 출근하기 위해 잠시 쉬었다 가는 공간이 아니었나 싶다. 어릴 적 아버지로서 역할을 본 바가 없으므로 아버지로부터 사랑을 받지 못해 아이들을 사랑하는 게 서툰 건 아니었을까, 그런 자기변명을 해보기도 한다.

이제 아이들도 다 컸고 서울과 대전에서 각자 자기 할 일을 하고 산다. 둘 다 들어가기 힘든 공직에 들어가서 잘 지내다가 거의 비슷한 시기에 그만두고 새로운 일에 몸담고 있다. 그 좋은 직장을 그만둔다고 했을 때 놀라움과 실망은 이만저만이 아니었지만, 자기들이 선택한 것에 책임을 질 각오로 결정한 것이기에 뭐라고 할 말이 없었다. 자기 인생은 자기가 개척하는 것이고 모든 판단은 본인이 하도록 가르쳐왔기에 그냥 지켜볼 수밖에. 건강 잘 챙기면서 보통 사람으로서 남의 지탄받지 아니하고, 성실한 삶을 살았으면 하는 바람이다. 존경하는 어른을 꼭 찾아서 어려운 일이나 좋은 일에 항상 조언을 구하고 상의하면서 생활에 임했으면 하는 바람이다.

아이들 키우던 시절을 회상해보니 새삼 아내에게 감사함이 사무친다. 어머니께서 살아생전에 "너같이 아내에게 무심한 놈은 못 봤다. 네 아버지처럼 행동한다면 도망갈 것이다. 나도 도망가려고 했으나 너희 때문에 도망하지 못했다. 지금은 그런 세상이 아니다. 주의해라! 네 마누라는 현명하다. 너처럼 계속 행동하면 도망간다는 사실을 알아라. 어떻게 하려고 그러느냐?"라는 경고를 나에게 많이 했다. 아내는 나를 성장시키는 데도 큰 노력을 했다. 쌍둥이 두 아들과 어리석은 나까지 셋을 키웠다고 보면 된다.

죽을 뻔한 고비

살면서 겪게 되는 많은 일들은 나를 돌아보게 하고 성숙시키는 계기가 되었다. 폭력적인 아버지를 바꿀 수는 없었지만, 그 그늘 밑에서 주눅 들었던 나를 당당한 나로 바꾸기 위해 부단히 노력했으며, 이 사람이다 싶은 여인을 만났을 때는 끝까지 놓치지 않았기에 결국 평생 곁에 두게 되었다. 아버지 노릇이 서툴러 갈팡질팡하기도 했지만, 아이들이 자기 앞길을 스스로 개척할 때까지 믿고 기다려주었다. 그런데 이제 이만하면 됐다 싶을 때 시련이 찾아왔다. 내 몸이 인제 그만 쉬라고 신호를 보내온 거다.

아메리카 인디언들은 말을 타고 달리다가 어느 일정 지점까지 가게 되면 쉬었다 간다고 한다. 그것은 말이 지쳐서 쉬었다 가는 것도 아니고 사람이 지쳐 피곤해서 쉬었다 가는 것도 아닌 영혼을 위한 배려다. 정신없이 달리느라 영혼 따로 몸 따로 달려왔기 때문에 미처 그 속도를 따라잡지 못한 영혼이 찾아올 수 있도록 기다려준다는 거다. 그러면서 그동안 지나온 길을 되돌아보며 마음을 추스르고 다시 달린다고 한다. 어찌 보면 무릎골수염과 패혈성 관절염으로 나의 1년 반의 여정은 평생 정신없이 앞만 보고 달리는 나에게 브레이크를 건 것이 아니었나 싶다. 인생은 계획대로 되는 것이 아니니 까불지 말고 쉬었다 가라고, 여유를 가져보라고, 그렇게 내게 삶을 되돌아보게 하는 시간을 준 것 같다.

2014년 2월, 37년간의 교직 생활을 마치고 정년퇴직하게 되었다. 근무 기간에, 지역에 있는 교사로서 틈틈이 충남향토연구회 활동이나 외지의 인사들이 부탁하는 지역 문화유산답사 안내, 한겨레 대전지국과 연계한 전국 문화유산 답사 안내, 문중 활동을 해 왔다. 학교에서는 파라미타 동아리 활동을 통한 학생들의 문화유산 안내 및 문화재 보호 활동 등 미친 듯이 활동했다. 퇴임 후 또 다른 새로운 인생의 출발점에서 희망에 부풀었던 나는 잠시의 휴식 기간을 가지며 친구를 위해 봉사하면서 사회적응 훈련을 쌓기로 하였다. 마침 6 · 4지방선거에 절친한 설동호 친구가 교육감에 출마하게 된 거다. 선거를 도와주기로 마음먹고 평소에 다져놓은 답사동호회와 유림과 문중 어른 중심의 표 결집에 하루도 쉬지 않고 열심히 쫓아 다녔다. 그 결과 친구는 많은 표를 획득하였고, 6 · 4지방선거에서 교육감으로 당선되었다. 보람 있는 일이었다.

선거기간 동안 같이 다니기도 하고 평소 답사에 동참하면서 나를 형님처럼 따르던, 동구청에서 환경미화원을 하며 시집『나라 청소하는 청소부 블루스』를 쓴, 후배 김영춘 시인이 선거가 끝나고 쉬던 6월 말 7월 초 어느 날, 자신이 담당하는 대전역 동서 관통 도로에 불미스러운 사고가 자주 나는 곳이 있으니 한번 둘러보라고 권유하는 거다. 노숙인들이 지나가는 여인을 잡아끌고 가서 능욕해도 모르는 아주 후미진 곳이어서 사고가 자주 일어나는 안전의 사각지대라며 역 앞 구도심과 슬럼가 답사를 권유하는 것이었다. 어떤 대책이 있으면 좋을까 싶어 한나절 답사하며 돌아보고 이후 뒤풀이로 거나하게 술을 마시고 헤어졌는데, 선거운동으로 인한 그간의 노독이 풀렸던지 평소 지병이 있었던 무릎 관절에 통증이 오기 시작했다.

무릎이 안 좋아진 건 그 내력이 오래되었다. 1997년 충남고등학교에 근무하면서 교원대학교 대학원에 재학하고 있을 때다. 그때는 종중 활동과 함께 답사도 진행하면서 바쁜 나날들을 보내고 있었다. 당시 대학원생들과 동계 수강 중 내포 지역 자체 답사를 하던 중이었는데 그만 발을 헛디뎌 넘어지고 말았다. 별일 아니라고 생각하고 넘어갔는데 그 이후 다리에 통증이 오기 시작했다. 주변에서 무릎 안 좋은 데는 한의원이 좋다는 말을 듣고 동네 한의원에 다녔다. 보름이 지나도 차도가 없이 통증이 심해져 정형외과에 가서 X-Ray를 찍어보니 무릎 골절이었다. 이때 초기 치료를 잘못 받아 병을 키워 다섯 달 정도 목발을 짚고 다녔다. 이때 치료를 잘 받았더라면 길고 긴 지옥 같았던 투병 생활은 겪지 않아도 됐었을 텐데. 가끔 뒤늦은 후회로 가슴 아플 때가 있다.

이듬해 대전고등학교로 인사 이동되어 목발을 짚고 부임한 채 바쁜 학년 초를 맡게 되었다. 인문고의 교사 생활은 새벽부터 밤 11시까지 야간자습 지도와 주말 답사 활동 등으로 바빴는데 간간이 과도한 술자리도 있었기에 쉴 틈이 없었다. 몸에 좀 무리가 됐다 싶을 땐 어김없이 무릎 통증이 왔고 가끔 목발을 짚고 다녀야 했는데 퇴직쯤에는 목발을 찾는 일이 잦을 정도로 지병이 되어버렸다. 그리고 5년 동안 조금씩 강도를 더하던 무릎 통증은 점점 더 심해져 급기야 수술할 지경까지 이르게 된다. 7월 5일, 지족동에서 세종으로 이사하는 날에 말이다.

2014년 7월 4일. 새집을 지어 이사 가기로 한 전날, 왼쪽 무릎이 아파 밤새 뜬눈으로 새웠다. 어쩔 수 없이 이사하는 일은 아내에게 맡기고 형님의 부축을 받고 유성 선병원을 찾았다. 상황이 상황인지라 바로 입원 절차를 마치고 무릎 수술을 받았다. 이후 수술이 잘 마무리되고 회복이 되었기에 한 달여의 입원 생활을 마치고 퇴원하였다. 집으로 돌아갈 날만 손꼽아 기다렸는데 그것도 새집으로 들어가게 되었으니 얼마나 기뻤겠는가. 새집을 멋지게 꾸며놓은 아내가 자랑스럽기도 하고 아무것도 도와주지 못해 미안한 마음도 가지면서 책이며 자료 같은 내 살림살이들을 정리했다. 쉬면서 몸에 무리가 되지 않게 소일했는데 지금 생각해보면 이때라도 무릎 관절염에 대해 주치의에게 자세히 알아보고 상의해서 인공관절 수술이라도 했더라면 이후 연이은 수술은 하지 않았을 거란 후회가 든다. 다리의 중요성과 걷는다는 것이 얼마나 소중한 것인지 알았더라면 치료 후 더 조심스럽게 생활했을 텐데. 이때만 해도 무지하고 기고만장해서 다리의 중요함에 대해서 알지도 못했고 생각조차 하지 않았다.

수술 후 회복되는가 싶더니 언제부턴가 통증이 더 심해져 급기야 견딜 수 없이 쑤시고 욱신거려 한밤중에 응급실을 찾았고 그다음 날 재입원하게 되었다. 감염내과에서 MRI 검사를 하라는 조치를 받고 사진을 찍어보니 처음에는 깨끗했던 부분이 염증이 시커멓게 뼛속 깊이 번져 있었다. 주치의가 얼굴이 하얗게 질리더니 넓적다리뼈와 경골까지 무릎 관절 골수염이 진행되어 망가지는 중이라며 여기서 고칠 수 없으니 서울로 가라는 거다. 어쩌면 다리를 절단해야 할지도 모르겠다는 엄청난 말도 덧붙였다. 청천벽력 같은 말이라 순간 정신을 놓을 뻔했다. 그런 일이 생기고 있는데도 나는 아물고 있고 나아지고 있다고 생각하고 있었다니 기가 막혔다. 내 몸이라도 내가 아는 것도 할 수 있는 것도 아무것도 없었다.

선병원에서는 할 수 없는 큰 수술이라 서울의 큰 병원으로 가야 했지만 그것도 쉬운 일이 아니었다. 수술해야겠기에 신촌 세브란스 병원 응급실에 도착하니 그곳은 입원하려는 환자와 저지하려는 병원 측의 승강이로 정신없었다. 그야말로 아비규환이었다. 나 역시도 그냥 받아주지 않았다. 이전 병원에서 할 만큼 다 한 것이니 여기서도 별 뾰족한 수가 없다며 받기를 거절하는 거다. 그래도 어떻게 입원은 하게 해 달라고 애걸복걸해서 겨우 입원에 필요한 검사를 마치고 며칠을 기다리고 나니 수술 날짜를 잡아 주었다.

세브란스병원에 입원하고 나서는 정말 절벽 위를 건너는 심정으로 조마조마한 시간을 보냈다. 첫 수술은 염증 제거였다. 심한 무릎 관절 골수염이었지만 다행히 암으로 전이되지는 않았기에 무릎 관절 사이에 시멘트와 약을 넣고 염증을 제거하는 수술을 받았다. 이후 경과를 보는데 관절 손상이 심해서 제대로 된 인공관절 삽입은 어렵고 관절과 관절을 붙이는 수술을 한다는 거다. 일명 뻗정다리 수술이다. 그나마 다리가 잘릴 수도 있다는 최악의 상황보다는 나은 거였다. 약 한 달 가깝게 입원하다가 퇴원을 한 후 다음 수술 전까지, 통원 치료를 하며 동네 정형외과에서 물리치료를 받는데 원장 선생님이 무릎 X-Ray를 찍어보고는 잘하면 인공관절도 가능하니 주치의와 상의해서 사정해 보라는 거다. 그 말을 들으니 다리 잘리지 않은 게 어디냐고 뻗정다리가 된다 해도 감사하다는 마음이었는데 불쑥 욕심이 생기는 거다. 할 수 있다면 인공관절 수술을 받고 싶어졌다.

다시 세브란스병원에 가는 날 주치의에게 인공관절 이야기를 꺼냈더니 난감해하며 고개를 저었다. 뻗정다리 수술도 일상생활과 활동에는 지장이 없고 후유증도 없다면서 오히려 인공관절 수술의 부정적인 면을 부각하는 거다. 성공 확률도 반반이고 성공한다 해도 재발 우려도 있고 후유증도 있다면서 신중하게 생각해보라는 거다. 그래도 나는 물러서지 않았다. 끝까지 고집부리는 나를 못 당하겠다 싶었는지 주치의는 인공관절 전문의인 교수님을 소개해 주며 한번 상의해 보란다. 그렇게 해서 만난 교수님은 여러 기록을 살펴보시곤 좀 더 시간을 두고 기다려보자셨다. 내 상태가 안 좋아 수술을 주저하는 것이 아닐까 싶었는데 역시 그랬나 보다. 주치의와 면담하는데 퇴직에 가까운 교수님이니 어려운 수술은 조금 무리인 것 같고 한 달 후에, 하버드에서 공부하고 돌아오는 교수님이 계시니 좀 기다렸다가 그분에게 수술받으라는 거다. 어쩔 수 없이 그렇게 시간을 보내며 기다려야만 했다. 순간순간이 고비였고 기다림의 연속이었다.

"성빈이가 다리 아파 걱정이구나. 빨리 나아야 할 텐데."

어느 날 꿈속에서 돌아가신 아버님이 나타나 이런 말씀을 하시는 거다. 늘 호통만 치시고 혼만 내신 생전 모습과는 달리 아주 온화한 모습으로 내 걱정을 하고 계셨다. 저승에 가셨어도 내 걱정을 하시는구나 싶어 뭉클했고 나를 돌봐주시는 좋은 결과가 오리라는 막연한 기대도 하게 되었다. 기나긴 병원 생활이 이후로도 쭉 이어졌지만 꿈에서 만난 아버님은 내게 나을 수 있다는 희망을 주었다.

3월 5일, 무릎 관절 골수염 치료를 위해 무릎 관절 사이에 넣었던 시멘트 제거 수술을 했다. 관절 사이 염증을 제거하는 수술을 하며 그사이 약과 시멘트를 넣은 후 8개월 동안 깁스를 하고 있었는데 이제 그 속에 들어간 시멘트를 제거하는 수술을 했다. 다리에 깁스하고 목발을 짚고 다니느라 갑갑하고 불편했는데 그것을 벗겨 내니 그렇게 홀가분할 수가 없었다. 시멘트 제거 수술 후 피부가 잘 돋아나게 하는 음압 치료를 했는데 그것 또한 쉬운 일이 아니어서 한참을 병원에 드나들어야만 했다. 여섯 번 수술과 세 번 시술을 받은 무릎 상태는 그야말로 엉망진창이었다. 피부가 잘 붙질 않아 피부이식수술을 해야 했는데 그것이 잘 아물어야 관절수술이 가능했기에 이제나 저제나 수술 날짜를 기다리고만 있었다.

"더 이상 수술 날짜를 미룰 수가 없겠네요. 9월 15일에 수술합시다."

7월 8일 드디어 듣고 싶었던 말을 듣게 되었다. 얼마나 기뻤는지 모른다. 수술 날짜를 기다린다는 것은 희망이 없는 절망과 기다림의 연속이었다. 그리고 드디어 수술에 들어갔다. 아무리 마음을 추슬러도 일단 수술대에 오르면 긴장하기 마련이다. 수술실 백색 공간의 싸늘한 공기, 무섭고 두렵다. 수술실 벽에 적힌 글귀가 눈에 들어왔다. '두려워하지 마라. 내 너와 함께함이라.' 이 말을 되뇌면서 잠으로 빠져들었다가 깨어보니 주치의가 수술이 잘 됐다며 안심시켜 주었다. 그런데 대부분 이삼일 후면 퇴원인데 나는 그러질 못했다. 여러 번 절개했던 부위라 상처가 쉽게 아물지 않았고 오히려 더 커져 무릎에 있는 상처를 다시 시술해야만 했다. 음압 치료기를 부착하고 항생제 피 주사 등 여러 주사를 투여하였다. 상처 차도는 없고 통증이 계속되니 몸이 견뎌내겠는가? 긴 병원 생활로 인한 스트레스와 고통이 쌓여 몸살과 근육통이 와 손이 닿기만 하여도 관절마다 심한 통증을 일으켜 대소변을 받아내기 시작했다. 너무나 고통스러워 다시는 내 두 발로 걸어 나가지 못하겠다는 생각도 들었다. '죽여주옵소서. 죽여주옵소서. 살아서 무엇 하나?' 수없이 되뇌어도 죽지도 않고, 이것도 다 내 팔자려니, 인생을 다시 한번 생각하는 시간이 되었다.

11월 3일, 또다시 수술대에 오르게 되었다. 이번엔 네 시간에 걸친 상처 피부이식 수술이었다. 그리고 드디어 11월 말에 목발을 짚고 걸을 수 있었다. 세브란스 병원에서의 80여 일의 입원 기간은 천국과 지옥을 왔다 갔다 하는 절망의 시간이었다. 고통을 참느라 얼마나 이를 갈았던지, 치아가 못 쓸 정도로 흔들거려, 후에 8개의 이를 빼내고 임플란트 수술을 했다. 근 1년 반의 간병과 두 달 반 이상 병동에서 쪼그리고 밤잠을 설치면서 간병하는 아내의 마음도 헤아리지 못하고, 투정하고 죽는다고만 했으니 말은 하지 않았지만 얼마나 심적 고통이 컸을까. 내가 살 만하니 그제야 아내의 고통이 느껴진다.

12월 1일, 그토록 바라던 퇴원을 했다. 온 세상이 내 것 같고 새 세상에 온 것 같았다. 앞으로 목발을 짚고 다니던 뻗정다리가 되든 상관없었다. 남의 도움 없이 통증 없이 내 몸을 내 맘대로 움직일 수 있다는 건 얼마나 큰 기쁨인가. 그야말로 다시 세상에 태어나는 기분이었다.

투병 생활을 견디게 해준 사람들

오랜 투병 생활하는 동안 이대로 그냥 죽고만 싶다는 생각을 몇 번이나 했는지 모른다. 꼭 낫고 싶고 건강해지고 싶다는 의지가 없었다면 어쩌면 그냥 무너져버렸을지도 모른다. 이렇게 무사히 견뎌내고 일어설 수 있었던 건 곁에서 묵묵히 병간호해 준 아내 덕분이다. 병상 옆 작은 간이침대에 쪼그려 자면서 몇 달을 고생하고 툭하면 죽고 싶다는 투정을 받아줘야 했으니 그 고생이 얼마나 심했을까? 정말 평생을 옆에서 받들어 모시고 살아도 다 갚을 수 없을 것이다. 그리고 주위 지인들이 찾아주고 응원해 준 것도 많은 힘이 되었다. 아파 누워 있다보니 외롭고 무료하기도 했는데 그들이 찾아와 진심으로 마음 써 주고 격려해준 것이 무척이나 큰 힘이 되었다.

2015년 11월 22일, 지금은 물에 잠긴 내 고향 줄미에서 같이 살던 이웃집 동생 예분이가 찾아왔다. 그때 나는 컨디션이 좋지 않아서 기운 없이 누워만 있었다. 다리 수술을 하고 나서 수술 부위의 상처가 낫질 않아 우울해하고 있던 참에 반가운 얼굴인 예분이가 온 거다. 동네 후배인 예분이 오빠의 문안 전화를 받다가 갑자기 연락되어 병원까지 방문하게 된 거다. 고향을 떠나고 나서 처음이니 근 45년 만의 만남이었다. 우리는 오랜만의 해후를 즐거워하며 어릴 적 추억들을 나누었다. 예분이네 집은 우리 동네 주막으로 혼자된 예분이 엄마가 하루 벌어 하루 먹는 어려운 집이었다. 돌아가신 아버지께서 손님이 오면 접대하던 곳으로 여러 가지 문제를 그 집에서 상의했던 것 같다. 주막은 항시 시끌벅적하여 어린애들이 놀 수 있는 곳이 없어 예분이는 우리 집에 와서 책을 보고 놀곤 했다. 어린애지만 아침 일찍 일어나 담 너머로 나를 보면 항상 밝게 인사하고 붙임성이 좋았다. 돌아가신 아버지께서 많이 귀여워해 주시고 어머니께서도 우리 집에서 스스럼없이 놀 수 있도록 반갑게 맞아주어 초년 시절 우리 집의 신세를 많이 졌다고 회고했다. 특히 아버지께서 "네 똑똑한 모습을 보니 나중에 고등관 부인이 될 것이다."라고 덕담해 주셔서 많은 위로가 되었고, 꼭 그렇게 되리라 마음먹었다고 한다. 초등학교를 졸업하고 공장을 다니면서도 책을 손에서 놓지 않고 공부하며 독학으로 충남여자고등학교를 마칠 만큼 야무진 아이였다. 이후 대전 세무서 법인세과 민원실에 근무하다가 친구의 소개로 경기도에 있는 법원 공무원을 만나 혼인하게 되었다고 한다. 워낙 똑똑하고 내조를 잘하여 남편이 높은 직급을 얻어 그 지역의 기관장 부인이 되었다. 아버지께서 덕담으로 말씀하시던 고등관 부인이 현실적으로 이루어진 것이다.

"오빠, 나 고등관 부인이 됐어. 고향에는 얘기할 만한 사람이 없고 오빠만 알고 있어. 오빠 아버지 말씀이 그대로 이루어졌어. 너무 고마워. 그리고 오빠 금방 나을 거야. 너무 걱정하지 마. 내가 열심히 기도해줄게."

나를 진심으로 생각해주는 그 말에 왠지 모르게 힘이 생기고 기운이 났다. 어려서 우리 집 신세를 많이 졌고 또 아버지 말씀 덕으로 고등관 부인이 된 것 같다고, 그래서 그 고마움을 나를 위한 기도로 갚겠다고 했다. 그리고 그날부터 몸이 좋아지기 시작해 상태가 호전되었고, 이틀 후 성형외과 병동으로 옮겨져 상처 피부이식을 성공적으로 마칠 수 있었다. 예분이는 이후에도 몇 번 병문안을 와 고향에 대한 추억과 그때 같이 생활하던 이웃들의 소식을 전해주었다. 내가 병원 생활 중 가장 어려웠던 시기에 문병하러 와서 기분전환을 하게 해 회복을 빠르게 해준 것이 예분이가 아니었나 생각한다. 지금도 고맙게 생각하면서 예분이가 잘되기를 기원하고 있다.

중·고등학교 동창인 효균이의 방문도 큰 힘이 되었다. 학창시절 대덕군 동면에 있는 우리 집과 연기군 동면에 사는 효균네 집에 자주 오갈 정도로 가깝게 지냈다. 서로 걱정해주고 미래를 얘기했던 아끼는 지우다. 지금은 인천에 살고 있다. 성격이 청순하고 한 점 티끌 없이 꾸밈없고 현실과 동떨어진 이상주의를 지향하는 정이 많은 친구다. 성품이 따뜻하고 온후하며 정이 많아 내 병 앓는 것을 제 병 앓듯이 걱정해주었다. 세브란스 병원에 입원했을 때, 한번 오기도 힘든 문병을 자주 와서 수많은 얘기를 들려주어 투병 생활을 지루하지 않게 잘 이겨내도록 많은 힘이 되어주었다. 내 병문안 후, 심경의 변화로 삶에 의욕을 잃고 방황하다가 6개월 동안 병원에서 치료받고 나아 지금은 정상적으로 생활하고 있다. 그 친구 어머니가 세종시 명학리에 홀로 사시는데 퇴원 후 올해 초 돌아가시기 전까지 아내와 수시로 찾아뵈었다.

또, 졸업한 지 근 50년 만에 연락이 된 유근홍 친구도 반가운 만남이었다. 근홍이는 60년대 당시 고등학생으로 월간지 『산』을 보면서 주말마다 산행을 즐겨하던 산 사나이였다. 그게 인연이 되어서인지 지금은 경상북도 울진에서 노루궁뎅이 버섯농장을 경영하고 있다. 근홍이가 퇴원 후 면역력 증강과 항암 작용에 도움이 되는 노루궁뎅이 버섯을 보내주어 쾌유를 기원하는 등 많은 관심을 보여주어서 회복에 도움이 많이 된 것 같다.

지현거사 서병윤 지우도 고마운 인연이다. 지연이나 학연은 없지만 파라미타 동아리 지도교사 시절 같이 활동하며 가까워진 도반이다. 정이 많고 공사가 분명하며 파라미타 활동에 보시는 물론 운영에 헌신적인 지혜를 짜내어 운영이 순조롭게 이끌어지도록 노력하는 지도자였다. 자운중학교 책임을 맡고 있을 때는 아버지와 아들딸들이 함께하는 '부자유친 대전역사 기행 프로그램'을 짜서 소통하기 어려운 아버지와 자녀가 소통할 수 있는 교육의 장을 마련하고 답사 안내를 하도록 했다. 선병원에 입원하고부터 집과 세브란스병원까지 어려운 길을 오가며 문병해주어 투병 생활에 많은 힘을 주었다.

제자로는 김혜경과 이교은을 손꼽을 수 있겠다. 먼저, 김혜경(필명 김채운) 시인은 어려움을 극복하고 만학도로 박사 과정을 마치고 대학 강단에 선 자랑스러운 제자이다. 병상에 있을 때 박사학위 취득 소식을 알려 기쁨을 전해주었으며 남편과 함께 병문안 오기도 하였으며 읽을 책과 귀한 커피를 선물로 전해주기도 하였다. 또한 이교은은 충남여고 재직 시 파라미타 활동을 열심히 해준 학생으로 고려대 전기공학과를 졸업 후 삼성전자에서 근무하고 있다. 여고 때부터 지금까지 매년 수시로 안부를 묻곤 하는 애제자다. 세브란스병원에 입원했을 때, 바쁜 와중에도 과 커플이었던 남자친구와 두세 번 면회를 와주어 병원에서 무료함을 달래주었다. 이후 그 남친과는 혼인해 지금은 쌍둥이 엄마로 근무하랴, 애 키우랴, 고생 많이 하고 있다.

또 아내 친구인 박복희 여사도 우리 부부에게 큰 힘이 되었다. 복희 여사는 덕수궁 문화유산 도우미 등 서울에서 궁궐 박물관 문화유산 해설사로 활동하는 아내의 중 · 고등학교 절친한 친구이다. 나와는 답사 안내에 대해서 수시로 의문점을 토의하고 서울답사 때는 모든 일을 제쳐두고 우리 팀을 안내해준 근 35년의 도반이다. 입담이 좋아 얘기를 하면 하루종일 같이 있어도 지루하지 않을 정도로 친화력이 뛰어나다. 세브란스병원에 세 차례 입원했을 때 거의 매주일 한 번씩 식사를 준비해서, 문병을 와주어 나는 물론 간병에 지친 아내에게 힘을 불어넣어 주었다. 나라면 그렇게 정성스럽게 할 수 있을까? 지금도 의문을 품었다. 특히 병원에 식사를 준비해서 온다는 건 준비과정에서부터 얼마나 어려운지 안 해본 사람은 모른다. 고마운 지인이다.

마지막으로 아내와 나, 우리 모두에게 각별한 인연인 서성열·장혜경 부부를 꼽고 싶다. 비래동 '용봉 테니스클럽'에서 만난 이 부부는 과연 천생연분이라고 할 정도로 안팎이 모두 야무지고 버릴 게 하나도 없는 사람들이다. 서성열 씨의 경우 어려움을 극복하고 자기 앞길을 헤쳐간 사람인데 그 의지와 책임감으로 높은 자리에까지 올랐다. 뿐만 아니라 다른 이의 부탁에도 제 일처럼 성심껏 도움을 줄 줄 아는 사람이다. 테니스 동호회 모임을 하러 양평으로 가던 중 국토관리청에 근무하는 그에게 별 생각없이 광주군 서면 초이리의 '기자산' 지명을 들어본 적이 있냐고, 거기 선대 묘소가 있는 것 같다고 말했는데 그 말을 허투루 듣지 않고 이후 초이리 토박이인 백세 노인을 소개해 준 일이 있다.

어르신의 말에 의하면 야산에 묘소가 1기 있었고 한 15년 전까지 대전에서 송 씨들이 매년 두세 명씩 와서 세일사를 지내고 갔다는 거다. 텃밭이 약 600평이 있었던 것으로 기억하는데 뒤에 있는 큰 산이 이성산이고, 아래 야산에 산소가 있었는데 도시화가 진행되면서 이장해 갔다고 증언해 주었다. 이곳 사람들은 이성산 밑 야산이 있는 마을을 '지자산'이라고 불렀다고 한다. 현재는 하남시 아파트 단지가 되어 그 형체를 알아볼 수 없다는 것이다. 실체는 볼 수 없었지만, 이야기는 들을 수 있어 무척 도움이 됐었다. 또, 그가 서울 지역 국토관리청 청사에 근무 당시, 부근에 있는 동춘당 송준길 선생의 출생지 삼현대가 있었던 구 대법원청사 사진을 찍어 달라고 부탁했는데 바로 들어준 일도 생각난다. 누군가에게 도움 주기를 즐겨하는 참 부지런한 사람을 남편으로 둔 정혜경 씨는 또 어떤 사람인가? 그에 못지않은 야무진 그녀가 아니던가? 테니스회에서 총무를 맡고 있었던 부인 장혜경 씨는 얼마나 총무 역할을 잘했던지 회원들이 장혜경 총무를 줄여서 '장총'이라는 별명을 붙여줄 정도였다. 둘은 옛정을 잊지 않고 회사 일도 바쁠 텐데 서너 차례 문병을 와주었다. 비래동에서의 즐거운 추억을 같이 나누어 주어 무료한 병원 생활에 활력을 넣어주고 간 고마운 친구들이다.

근 1년 반 투병 중에 정말 많은 친구가 격려하고 위로해 주어 힘든 투병 생활을 이겨낼 수 있었다. 이외에도 50년 지기 고향 친구인 나병욱 · 이운익 부부, 경기도 양주에 사는 김인태 부부, 역사과 후배 교사인 윤세병 선생과 최장문 선생 부부, 아내의 제자 최은주, 처제 안양순, 의리를 자랑하는 백전노장의 제대 군모임 충호안보연합의 여러 선배 전우, 고교 동창 조규종, 불자 이도현…. 이외에도 많은 이들의 격려와 위로가 투병 생활에 많은 힘이 되었다.

병원에 누워있는 동안 많은 생각을 할 수 있었는데 그때 마음을 세 가지로 정리해 볼 수 있다. 첫째, 기다린다는 것이 얼마나 고통스럽고 지루한지를 '하루가 여삼추 같다'라는 말로 표현하고 싶다. 하루가 삼 년 가듯 길다는 말인데, 빨리 낫기를 기다리는 마음은 급한 데 시간이 필요하다는 것이다. 상처 딱지가 떨어지지 않아 왜 떨어지지 않나 고민해 보았자 떨어지지 않았다. '때가 되면 떨어지겠지!' 마음먹으니 마음이 편해졌다. 기다린다는 것이 때로는 설렘과 기쁨이 되기도 하겠지만 때론 아픔과 고통의 시간이기도 했다. 둘째, '남의 눈의 들보보다 내 손에 박힌 가시가 더 아프다'라는 말이 있다. 병원에는 수많은 환자가 있지만 내가 제일 아프고 남이 보이지 않는다는 점이다. 나는 걸을 수 없어 낙담했다. 걸어 다니는 내과 중환자나 말기 암 환자를 보면서 저 환자들은 두 다리로 걸으니 얼마나 좋을까? 생각한 적이 있다. 그 환자들의 내면을 보지 못한 채 말이다. 넓게 바꾸어 생각해보니, 나만 고달프고 힘든 줄 알았더니 나보다 힘들고 어려운 환자가 더 많았다. 거기서 위안을 얻고 희망을 품고 기다렸다. 셋째, 항상 좋은 생각을 하는 것이 중요하다는 것이다. 좋은 생각이란 과거도 아니고 미래도 아닌 오늘 하루를 즐거운 마음으로 보내는 것이다. 우리가 살다 보면 아침에 세웠던 오늘 하루의 계획도 돌발적인 상황으로 수시로 바뀌지 않는가? 오늘 하루의 계획도 내 마음대로 안 되는데 일주일, 한 달 후에 퇴원하겠지 하며 기다린다는 것이 얼마나 무모한 것인지를 깨달았다. 병원에서는 아침 지나면 점심, 점심 지나면 저녁, 하루 세끼만 기다리고 오늘 하루 무사히 지나가고 치료되기를 바라는 것이 현명하다는 것을 깨달았다. 가장 중요한 것은 과거도 미래도 아닌 오늘 하루가 가장 중요하다.

입원해 있는 동안 '전생에 무슨 죄를 그리 많이 지었기에 이런 시련을 주는가?' 야속한 마음이 든 적이 한두 번이 아니었다.

그러나 이 고통은 앞으로 내가 죽을 때까지 지고 가야 할 업보인 것만은 틀림없다. 태풍이 우리에게 엄청난 피해를 주는 것 같지만 순기능도 많지 않은가? 아무리 좋은 자연환경도 햇볕만 쬐면 사막이 된다. 태풍이나 장마가 엄청난 피해를 주는 것 같지만, 바다나 강물을 휘저어, 새로운 생명을 잉태시키지 않는가? 비가 오는 것도 계속 오는 것이 아니다. 언젠가는 그친다는 믿음이 있으므로 우리가 살아가고 있지 않은가? 지난 1년 반 동안 병원에서의 투병 생활과 지금도 계속되는 후유증으로 인한 고통의 시간은 나에 대한 새로운 사고를 위한 담금질이 아닐까? 장석주 시인의 「대추 한 알」이라는 시가 생각난다. 나에게 맞게 이렇게 고쳐 본다.

내가 나 혼자의 힘으로 투병 생활을 이겨서 걷게 될 리는 없다.
그 안에 밤낮으로 고락을 같이한 아내의 지극한 간병과
그 안에 나의 쾌유를 바라던 5촌 당질 용석이의 걱정과
그 안에 이웃과 친구들, 선후배와 제자들의 기도가 담겨 나를 일어서서 걷게 했다.

부모님에 대한 회한

관절염이 가져다준 몇 번의 수술과 오랜 투병 생활은 나를 되돌아보는 계기가 되었다. 지나온 삶과 다가올 죽음에 대한 성찰의 시간을 갖게 했고 주위에 있는 가족들과 지인들에 대해서도 다시 생각해 볼 수 있는 기회가 되었다. 특히 어머니 생각이 간절했던 것 같다.

대전여자고등학교에 근무하고 있을 때였다. 어머님께서 위중하시니 집으로 왔으면 좋겠다고 형님댁에서 전화가 왔다. 학교와 형님 댁이 가까운 거리여서 바로 도착해 보니 운명 직전이었다. 숨을 가쁘게 쉬시더니 나를 보며 웃으시고는 눈을 감으셨다. 드리고픈 말도 제대로 전해드리지 못했는데, 그동안의 미안함과 죄스러움의 용서를 빌기도 전에 희미한 미소만 보이시고는 바로 운명하셨다. 1987년 2월 5일(음 1.8) 점심이 조금 지난 오후 한 시경, 지금 생각해봐도 참 눈물 나는 순간이다.

어머니의 일생을 생각해보면 애처롭기 그지없다. 그 당시 여인네들이 다 그리 살았다고는 하지만 어머니의 삶은 더더욱 고달팠다. 남편 잘못 만나서, 평생 온갖 고생과 수모를 당하며 사셨다. 그 고통이 얼마나 컸을까. 어머니를 생각하면 쪼그라진 입이 떠오른다. 내가 기억할 수 있는 가장 최초의 기억이 여섯 살 쯤인데 그때도 어머니는 그런 모습이셨다. 흔집에 살 때로 생각된다. 달 밝은 밤에 내가 철없이 어머니 품에 안겨서 젖도 만지고, 앞에 이가 두세 개 남았었는데 거기 손을 넣어 흔들리는 이를 흔들면서 빼려고 장난친 것이 생각난다. 그때 어머니께서 그러지 말라시며 내 손을 빼셨는데 지금 생각하면 참 못된 장난이었다. 당시 어머님 연세가 40대 초반이었을 텐데 이가 다 빠져 식사하실 때 잇몸으로 오물오물할 정도였으니 얼마나 한이 많으셨을까. 한 여인으로서 사랑도 받고 싶고 외모도 꾸미고 싶고 하셨을텐데, 그런 본능은 다 억누르시고 오로지 희생만 하는 삶을 살다 가셨다.

어머니는 명문가의 따님이셨다. 대구서씨로 약봉 서성의 13대손이며 약봉공의 둘째 자제인 전첨공파 계통이었다. 전첨공파는 영조 비인 정성왕후를 배출했고 어머니의 8대조 명구부터 조부 병찬까지 7대가 대과 급제를 한 명문 집안이다. 외조부는 일제 강점기에 경성의전을 소학교 졸업장도 없이 검정시험으로 합격하여 다닐 정도로 천재였다고 한다. 이런 가문이기에 할아버지가 어머니의 혼인을 정해 놓으시고 무척 좋아하셨다고 한다.

머리가 좋으셨던 어머니는 특히 기억력이 뛰어나셔서 한번 듣고 입력된 것은 흐려지는 법이 없었다. 집안 행사도 잘 기억하셨으며 옛이야기들을 많이 알고 계셨다. 그렇게 귀한 혈통에 총기까지 타고 나신 우리 어머니는 아버지의 무시와 학대 속에서도 끝까지 아버지를 섬겼으며 주위 사람들에게 인정을 베푸셨다. 누가 달라면 입안에 든 양식까지도 내주시는 그런 마음으로 누구보다도 겸허히 엎드린 자세로 살다 가셨다. 옛날에 주산동 고향에 갔을 때 이웃에 살던 영자 어머니가 집사람에게 어머니의 성품을 전하면서 부처님같이 덕이 많으시고 마음이 넉넉한 게 하늘이 내린 분이라고 하셨단다. 아버지가 구타하면 어머니는 뒷문으로 도망을 갔다 다시 앞문으로 들어오면서 "하늘 같은 서방님 밥을 해주어야 한다."라고 말씀하셨단다. 갖은 수모를 당하고 사셨으면서도 지아비를 위한 마음은 늘 변함없으셨던 어머니셨다.

어머니에 대한 아련함이 커질수록 아버지에 대한 원망은 커져만 간다. 동네에서 가장 실속 있는 부자라고 하면서도 가족에게 특히 어머니에게는 인간 이하로 대했다. 가족이 먹는 식량은 겨우 죽지 못해 살 정도의 양식을 주었으니 세상 그 어느 아비가 아내를 그리 대할까 싶다. 누님들 역시 평생 고생하며 지냈다. 누님들을 남의 애 보듯, 아니 오히려 남의 애보다 더 무심하게 대하며 배신감을 줬으니 그 상처들을 안고 어떻게 잘 살 수 있었겠는가? 셋째 누님은 서울에서 홀로 고생고생하다가 54살에 단칸방에서 돌아가실 정도였다. 형과 나는 직장 초년이라 신경 쓸 겨를이 없어 정신없이 지내느라 어머님 틀니 하나 못해 드린 것이 한이 맺힌다.

더 원망스러운 것은 첩까지 들이셔서 한 지붕 아래 같이 지내는 수모까지 당하게 한 거다. 첩을 데리고 살려면 다른 살림을 하시든지 아예 같은 집에서 살게 하시면서 서모와 데리고 온 아이들 앞에서도 어머니를 구박하고 무시하셨으니, 여인으로서 감당하기 어려운 최대의 수모를 어머니에게 주신 것이다. 그 생각을 하면 치가 떨릴 정도로 아버지를 증오했다. 서모가 들어와 얼마나 속이 상하셨는지, 말씀은 안 하셨지만 그 분노를 삼키시느라, 이후 담배를 피우시기 시작했다. 나중에 서모가 암으로 투병할 때, 병간호까지 해가며 식사를 따로 차려다 바치는 그런 분이셨는데, 정작 자식 중 제대로 된 자식이 없어 돌아가실 때까지 고생만 하셨다. 온 동리에서 군자라고 소문이 날 정도였는데, 그 삶은 왜 그렇게 기구해야만 했을까? 세상은 참 공평치 않다.

아버지는 젊어서 어머니와 우리 오남매에게 한 업보 때문인지 말년에 우리 집에서 10년을 계시면서 만 7년 동안 꼼짝 못 하고 누워 계시다가 90세의 일기로 돌아가셨다. 말할 수 없는 고통이었을 텐데 그러나 어려운 상황임에도 환자로서 징징거리지 않고 의연하게 처신하셨다. 그래도 복이 있으셨는지, 며느리를 잘 얻어 말년 10년을 집에서 편하게 계시다 돌아가셨다. 젊어서의 업보를 아셨는지 7년의 고생을 전혀 내색하지 않고 감내하셨다. 아내와 자식에게 잘못한 대가를 혹독하게 치르는 거로 보여 사실 크게 마음 쓰이지는 않았다.

하지만 아무 잘못 없는 아내가 시아버지 병간호를 7년이나 하며 똥오줌을 다 받아냈다. 그 고생을 어찌해냈을까 싶지만, 아내는 묵묵히 잘 견뎌주었다. 오히려 존경하는 마음조차 들었다고 한다. 가만히 누워 계시면서 며느리가 해주는 그대로를 받아들이면서 연신 "나를 잘 돌보아 주어 고맙다."라는 말씀을 하시는 것이 아이같이 느껴졌고, 7년을 누워 계셨어도 뭐 하나 요구하지 않고 어려움을 호소하지도 않고 그냥 주어지는 대로 받아들이는 그 의연함이 대단해 보였다는 거다. 그 점이 7년 똥오줌을 받아내는 어려움을 상쇄시키고 병시중하게 했나 보다. 만약 뭐해달라고 요구하고 투정 부리고 했더라면, 모시는데 어려움이 컸을 것이다.

아무리 고약한 아비이고 상처만 안겨준 폭군이었지만 아버지와 아들이라는 인연으로 만난 사이가 아니던가. 게다가 말년에 너무도 무기력한 모습으로 계시다 돌아가셨기에 미워하는 마음 한구석엔 안쓰럽게 생각하는 연민의 마음 또한 있었다. 늙어서 거동 못하면 아무 소용이 없는 것을 왜 그리 집안 식구들을 못살게 하셨을까. 어머니께서 돌아가시기 전에 늘 늙어서 보자고 한 말씀이 생각난다. 자식 며느리한테 병구완을 받았으니 얼마나 수치스러웠을까. 가끔 성질이 나면 아침에 아버지 기저귀를 갈 때 세게 빡빡 씻기곤 했는데 아프셨는지 며느리에게 일러 "성빈이보고 살살 닦으라고 전해라." 하셨단다. 아무튼 나는 걷지 못하고 누워계신 아버지를 분노 반 애처로움 반으로 대했다.

살아생전 어머니께서 하시던 말씀이 생각난다. 아버지가 난리를 치시면 "늙어서 보자."라고 말씀하셨다. 당시 나는 힘도 없는 어머니께서 저런 말씀을 하시는 것이 이상했는데 지금 생각해보니 어머니의 속뜻은 '지가 내 속을 썩여 내가 일찍 죽으면 너는 늙어 말할 곳도 없을 텐데, 한번 당해봐라. 며느리나 누구의 병간호를 받을 때 마누라만 하겠느냐?' 뭐 이런 생각이셨을 거다. 결국 어머니는 아버지께서 고생시켜 일찍 돌아가시고, 며느리 병간호를 받았으니 요구할 게 있어도 말할 수도 없고 불평을 말할 수도 없고, 얼마나 수치스럽고 참담했을까? 어머니의 복수가 이루어진 셈인데 그것으로 어머니의 한이 조금이라도 풀어지셨으면 좋겠다. 그리고 저승에서 두 분이 만나셔서 이승에서 못다 한 정 나누셨으면 좋겠다. 아니 그 전에 살아있을 때 잘못한 죄를 지하에서라도 빌고 용서받으셨으면 좋겠다.

나이를 먹을수록 아버지를 조금은 이해하게도 되고 또 내가 아버지를 닮았다는 생각이 들기도 한다. 물론, 아내에 대한 내 마음은 아버지와는 정반대다. 항상 고맙고 곁에 있으면 든든하고 의지처가 되는 사람이다. 그런데 내가 아내에게 해준 것이 별로 없는 것 같다. 많은 것을 받기만 했지, 아내를 보살피거나 도와준 것이 별로 없다. 그래서 많이 미안하다. 아이들 어렸을 때도 바깥일을 하느라 집안일을 제대로 도와주지 못했다. 아버지가 겨우 입에 풀칠할 만큼의 양식만 줘서 어머니가 전전긍긍하며 사셨던 것처럼, 집안일에 무심한 나 때문에 아내는 쌍둥이 아들 키우랴 학교 나가랴 종종거리며 살았을 거다. 아버지가 우리를 남의 아이 대하듯 한 것처럼 나도 우리 아이들에겐 무심한 아빠였을 것이다. 생각해보면 집안 내력이라는 게 참 무섭다.

아버지에게 온갖 수모와 창피를 당하면서도 우리를 사랑으로 보살피셨고 어려운 여건에서도 남에게 베풀고 사시면서 덕을 실천하신 우리 어머님. 내 지난 생애를 기억하며 기록하자니 종종 어머님이 떠올라 눈물이 앞을 가린다.

선비문화원

내게는 선비가 갖추어야 할 학문의 깊이를 알려주신 스승이 계시다. 바로 선비문화원의 병주 이종락 선생님이시다. 선생님과의 만남은 2001년 9월로 거슬러 올라간다. 당시 나는 대전고등학교에 근무하고 있었는데 아침 일찍 일어나 조간신문을 펴는 순간 광고지가 떨어졌다.

'본 문화원은 1997년부터 한학자 병주 이종락 선생님을 모시고 강학 활동을 하던 중 지난 4월에 선생님의 학문과 선비다운 인품에 감동한 독지가의 후원으로 설립을 보게 되었습니다. …(중략)… 이에 본 문화원을 열면서 시대적 사명감에 동참할 뜻이 있는 분들의 적극적인 참여를 바랍니다……'

그 광고지에는 월평동에 청유서당을 개관했으니 같이 공부할 동료들을 모집한다는 내용이 담겨 있었는데 발기인 명단에는 내가 아는 동료 교사 박우철 선생의 이름도 있었다. 문득 충남고등학교에 같이 근무했을 때 졸저인『朝鮮朝 宋山林硏究』를 보며 뒤에 있는 원문을 번역하던 그가 떠올려졌다. 박우철 선생의 실력은 대단했다. 한문을 막힘없이 풀어내고 있었다. 그 실력을 보고 놀란 내가 어디서 배웠기에 그렇게 한학 실력이 좋으냐고 물었더니 박대영 변호사의 후원으로 공주에서 오신 이 아무개 한학자님을 모시고 공부하고 있다는 거다. 뜻을 같이하는 대여섯 명이 대전변호사회관에서 강학하고 있는데 그중 교사들도 많으니 뜻이 있으면 동참하라고 권하기까지 하는 거다. 그때 나는 나이 50에 무슨 공부를 하냐면서 하고 싶어도 실력과 능력이 없어 못 한다고 겸손하게 거절하였다. 그리고 까맣게 잊었었는데 삼 년여의 시간이 지난 후 신문광고지에서 다시 만나게 된 것이다. 도대체 어떤 곳인가 궁금하기도 하고 호기심도 생겨 곧바로 박우철 선생에게 전화해서 안내받고, 일주일 후에, 서당에서 선생님을 뵈었다. 선생님께 인사를 드렸더니 본관은 어디고 누구의 자손인지 물어보시고는 동춘선생의 후예니 열심히 공부하라고 말씀하시곤 70여 분 맹자강의를 하시었다. 당시 넓은 서당에 나와서 공부하고 있는 문도가 일곱 명 정도였다.

당시 나는 역사 교사로서 졸저『朝鮮朝 宋山林硏究』와『同春先生 言行錄과 遺事』를 쓴 바 있고, 공부는 안 했지만, 가정의 유교적인 분위기를 익히고 있었기 때문에, 실제로 아무 실력이 없으면서도 속으로는 '자기들이 알면 얼마나 알랴!' 하는 교만한 마음이 있었다. 그러나 경전 강의를 계속 들으면 들을수록 나 자신이 아는 것이 별로 없는 우물 안 개구리라는 것을 느끼게 되었다. 산림의 후손으로서 참여하는 것만으로도 의미가 있다 싶어서 머리에 들어오지도 않는 어려운 내용을 이해하려 애썼다. 졸음이 쏟아져 꾸벅대면서도 선생님의 강의를 들으려 했다. 일단 마음먹으면 가능한 한 결정한 바를 바꾸지 않고 추진하는 게 내 신조이고 천성이니 꾸준히 다녔다. 하지만 서당에 출입한 지 거의 2년이 다 되었는데도 실력이 나아지지 않는 거다. 집중하지 않고 노력하지 않았더니 학문의 정진도 없고 재미가 없어지기 시작했다. 항상 마음은 다른 곳에 있어 지루하던 차에 선생님께서는 그래도 열심히 나오는 것이 가상했던지 이당以堂이라는 호를 주셨다. 그것이 계기가 되어 좀 더 열심히 참여할 수 있게 되었다.

선생님께서는 항상 학문의 지속성을 강조하시며 우리 문도들에게 끝까지 할 것을 당부하셨다.

"학문은 마음이 기본 틀이다. 초심으로 먹었던 마음을 시종일관으로 나가야 한다. 학문을 하려면 초심으로 돌아가는 마음 변치 않기를 부탁한다. 산간 물줄기가 바다까지 가야 하는데 중간에 멈춘다면 산에 계곡물만 되지 바다의 물은 되지 못하니 사람은 처음 먹었던 마음을 끝까지 관철하여 뜻을 이루기를 바란다."

선생님으로부터 호를 받은 영광으로 지금 당장 무언가를 해내지 못했어도 언젠가는 이루겠지 하는 마음으로 서당에 나가다 보니 같이 공부하는 문도들과도 친하게 되었고, 문도 회장도 맡게 되었다. 청유서당의 모태는 1986년 8월에 창립된 공주청년문

도회였는데 그 시절부터 청유서당을 이끌어온 중헌 고주환 선생이나 춘파 강원모 선생 등이 있었으나 뒤늦게 온 실력 없는 내가 나이가 많다는 이유로 중책을 맡게 되었다. 우리들은 강의가 끝나면 소주로 목을 축이며 선생님의 말씀을 화제로 대화를 나누며 친형제처럼 절친한 우의를 나누는 사이가 되었다. 배우고 익힌 것을 서로 나누는 즐거움은 그 어떤 즐거움보다 컸다.

선비문화원이 획기적으로 발전할 수 있었던 요인은 매월 첫째 주 금요일 문도회를 열어 1개월을 반성하는 자리와 매월 넷째 주 토요일 오후 답사를 진행한 덕분이었다. 답사는 대전 주위의 산행을 겸해 충청 산림 유현들의 묘소를 봉심하고, 분기마다 서원 순례를 통해 선생님의 해박한 설명을 들으며 진행되었는데 그로 인해 문도들이 결속력을 다질 수 있었다.

서로의 따뜻한 정은 같은 솥밥을 먹어야 한다고 하던가. 문도 회장을 맡으며 어떻게 해야 단합할까 고심하다가 아파트에서 지족동 주택으로 새집을 지어 이주한 김에 선생님과 서당 식구들을 집으로 초대하였다. 이후 서당 식구들은 매달 토요일 오후에 산행하기도 하고, 언지당 강신용 형이 공주에 詩作을 하기 위해 마련했다는 전원주택을 방문해 그 댁의 뒷동산 즉 산림박물관의 뒷산인 청벽산을 등산한 후에 뒤풀이를 아주 즐겁게 하며 친목을 다진 바 있다. 또, 그해 11월 27일에는 유성 지족동에서 가까운 우산봉을 산행하고 우리 집을 방문했다. 이때 아내는 선생님께서 어류를 즐겨 드시므로 선생님을 위하여 특별히 산채(취나물)와 소라요리를 준비한 적이 있었다. 이때 선생님께서는

"나를 위해서 소라요리를 준비해 주어 고맙다."라고 인사한 후에 「與諸生 登牛傘峰」이라는 즉흥시를 지어 고맙다는 마음의 표현을 시로 화답하여 우리를 놀라게 했다. 지금도 아내는 가끔 선생님의 얘기를 하는 중에 "병주 선생님은 보통 노인이 아닙니다. 현대에 사시는 분이 고마운 마음을 한시로 읊고 표현하시며 화답하는, 참으로 풍류를 아는 멋있는 분입니다."라고 감탄하곤 한다.

이후 2005년 1월에는 연기군 전동면 석곡리에 사는 사강 신용벽 형의 안내로 운주산 비암사를 답사하고, 형의 숙부댁에서 저녁 식사를 대접받았다. 2월에는 유림의 고향 담양의 소쇄원과 면앙정, 송강정과 장성의 필암서원을 답사했다. 3월부터는 내가 대전지역 부근 명가의 산소들을 순례하는 것을 제안하니 적극 격려해주시고 참여하여 설명도 곁들여 주셨다.

이에 3월부터 선비마을 전민동 허주 김반 묘역과 도룡동 여흥민씨 선대 묘역을, 5월에는 신탄진 한절구지 진주강씨 묘역과 동래 정복시 묘역을, 6월에는 동구 마산동 관동류씨 부인 산소와 주산동의 지평 송계사, 추파 송기수 묘역 등을 답사하고 7월과 8월은 혹서기간이라 쉬었다. 유현의 산소 답사 시 선생님께서는 수시로 인물에 관계된 이야기를 당시 국내정세와 연결시켜 말씀해주시어 우리와 문화에 대한 시각차를 좁히고 그 시대 살던 사람들의 삶을 재조명해 보는 데 많은 도움을 주셨다. 9월부터의 답사도 선생님께서는 우리와 함께 동참하여, 감히 어디서 들을 수 없는 백과사전에 버금가는 해박한 설명을 들었다. 선생님의 말씀은 당시 인물들이 살았던 과거를 실감 나게 이해하게 하는 명강의였다.

선생님께서는 유년과 청장년 시기에 어려운 역경을 이겨가면서 생활했던 경험담들도 자주 전해주셨는데 들을 때마다 참으로 대단한 분이시라는 감탄이 절로 나왔다. 어려서 먹을 것이 없어 고구마나 감자를 주로 먹고, 춘궁기에는 익지 않은 보리를 미리 베어 끼니를 채우시며 생활하던 모습과 주경야독하시던 당시의 상황을 말씀하실 때면, '우리는 너무 편하게 생활하고 있구나' 하는 부끄러운 마음이 들곤 했다. 가정이 어려워 여름에는 농사일로 학업을 거의 전폐하다가 초가을 서늘해지면 낮에 나무하고 논밭에 나가 일하며, 밤에는 밤을 낮 삼아 감기는 눈을 부릅떠가면서 경전을 읽으셨다는 그 모습을 상상하면서 내가 겪은 건 비교할 게 아니겠다는 생각도 들었다.

선생님께서는 우리 사회의 도덕 질서 확립을 위해서는 후학의 교육이 가장 필요하다는 것을 염두에 두시고, 서울에 있는 국역편찬위원회 등 안정된 직업을 가질 수 있는 모든 대우를 뿌리치시고, 20여 년 지역에서 배우고 싶어 하는 후학들을 위해 강학하시어 제자들을 길러내셨다. 지금도 서당에서 열심히 공부하고 있는 중헌이나 춘파 근우는 초창기에 만나 열심히 공부하여 어느 정도 경지에 올라 어린 학동들을 착실히 지도하면서, 앞으로 선생님의 정신을 잇기 위해 열심히 노력하고 있다. 또한 선생님은 가까운 일가친척들을 친가족과 같이 돌보고 있어 이 시대에 우리들의 가족 관계를 어떻게 정립해야 하는지를 행동으로 보여주시고 있다. 이 역시 선생님 댁 가문의 전통이라 하지만 그

것을 지키고 실천하며 생활한다는 것은 참으로 어렵다. 우리 서당에 나오는 선생님의 종손자 이상수가 종조부에게 배우는데도 어려워할까봐 세심한 배려를 하며 가법 전수와 학문의 전통을 이어가도록 손수 모범을 보여주며 독려하고 계신다. 이후 종손자 이상수(선생의 둘째 형님 강암 이종순의 손자)는 공주대 한문교육학과를 졸업하고, 서울에 올라가 한국고전번역교육원에서 공부하고 내려와, 지금은 충남대 안에 있는 한국고전번역원 대전분원에서 번역사업에 열중하고 있다.

선생님께 상의드릴 일이 있어 가끔 서재를 방문하면 그 연세에도 논농사 일하시고 들어오시는 것을 종종 뵈었다. 학문만 아니라 여러모로 몸소 실천을 보이시는 훌륭한 분이시다.

"엊그제 새벽에 성리대전을 읽던 중에, 마음에 와닿는 말이 있어 알려준다. 주자께서 나는 둔한 사람을 좋아한다. 둔한 사람은 노력을 많이 한다. 둔한 사람은 결국은 알기 위해 노력하며 잊지를 않는다. 영리한 사람은 알되 노력하지 못하여 쉽게 잊어버린다."

2005년 4월 맹자를 강하시던 중에 우리에게 들려준 말씀인데 바로 귀에 꽂혔다. 내가 빠르지 못하고 둔한 까닭이다. 둔한 사람은 노력을 열심히 하므로 결국은 해내게 된다는 말씀은 그 후로도 내게 큰 힘이 되었다. 선생님이 내게 주신 또 다른 영향력은 시를 외우는 거다. 서당에서의 즐거움이 하나 있었는데 그건 선생님께서 가끔 청아한 음성으로 한시 낭송하시는 것을 듣는 거다. 그야말로 일품이다. 과거장에서 낭송하는 시, 놀러 가서 낭송하는 시들을 읊어 주시면 모두가 감탄하곤 한다. 그 시 낭송하는 법을 누군가가 전승해야 할 텐데 나는 아무리 따라 하려 해도 안 된다. 다만 열심히 외우고 즐겨 읊는 것으로 스승에 대한 존경심을 표하고 있다.

또, 선생님께서는 나를 평하시며 격려하신 적이 있다. 물론 이 말씀도 내게 큰 힘이 되고 있다.

"세상 사람들이 말하기를 동춘 자손은 아주 되다. 즉 아주 밤톨같이 너무 야무지고 누구하고도 잘 어울리고 하는 일이 없이 긍지와 자존심이 세다. 그런데 내가 본 이당은 참으로 소탈하다. 송선생을 처음 만날 때 이 사람이 동춘 자손인가 하는 의문을 가졌었다. 외모적으로 너무 동춘 자손의 공통점을 찾는데 힘들었다. 성격이 활달하여 명재 댁을 찾아다니고 남인 가의 산소도 찾아다니고 하는데 이 사람이 서당을 계속 나올지 두고 보아야지 하며 만 3년을 지켜봐도 시종여일하다. 즉 포용성이 강하고 잘 어울리고 하는 점이 특이했다. 계속 살펴봐도 앞으로 잘할 것 같다는 느낌이 들었다. 이제야 속 있는 얘기를 한다. 앞으로 열심히 노력하라."

선생님께서는 독학으로 공부하셨음에도 불구하고 옛 선비다운 삶 즉 문사철^文史哲^과 시를 겸비하고 백학처럼 고고한 삶을 사시면서 우리에게 삶의 방향을 제시해주고 계신다. 특히 선생님은 공부하지 않고 게으른 나에게 유난히 사랑을 베풀어 주셨다. '동춘당의 학문과 정신을 이어받고 지키라'.라는 뜻의 이당^以堂^의 호를 주시면서 큰 뜻을 이루라고 무언으로 호령하고 계신다.

비가 오나 눈이 오나 빠지지 않고 매주 금요일이면 선비문화원에 모여서 선생님의 가르침 하에 맹자와 대학, 논어 등의 경전을 읽었다. 그리고 주말엔 서원도 찾아 다니고 산소에 봉심도 하고 산행을 하며 몸과 마음을 단련시켰다. 큰 산과 같은 스승 밑에서 열심히 배우며 스승의 발자취를 따르려 했던 그 시절이 그리워진다. 옛 스승의 표본으로써 글과 이치보다는 인간 됨의 행실을, 여러 잡기보다는 오로지 한길로 경전을 읽어 터득하라는 가르침을 주신, 병주 이종락 선생님이 시를 읊으시던 그 낭랑한 음성이 그립기만 하다. 선생님은 2년 전 건강이 악화하여 요양원에 계시다가 2023년 9월 27일 별세하셨다. 병주 선생의 부음을 듣고 바로 영전에 달려가야 했음에도 그날이 선고先考의 기일이라 달려가지 못하고, 9월 30일 문생 언지당 강신용과 영전에 나가 무릎 꿇어앉아 문상했다.

호를 나눈 벗들

선비문화원에서 만난 이종락 선생님은 나에게 여러모로 큰 영향력을 끼친 소중한 인연이다. 게다가 나의 호를 지어주신 분이니 내 어찌 그 고마움을 잊을 수 있겠는가.

2003년 10월 4일의 일이다. 선생님께서는 내게 '동춘당으로 써먹으라.' 즉 동춘당과 같이 훌륭한 사람이 되기 위하여 열심히 공부하라는 뜻으로 이당以堂이라는 호를 지어주셨다. 어느 때이건 어떤 공부 거리든 다른 데서 구하지 말고 동춘당 선조에게 구하라는, 그의 후예이니 모든 행동 궤범을 조상에서 찾으라는 뜻이 담긴 호였다. 그리고 20여 년을 즐겨 사용하면서 선조의 삶을 조금이라도 닮으려고 노력하고 있다.

선생님과의 세교는 그로부터 시작되었지만, 사실 선생님과의 인연은 이미 400여 년 전 도학으로 사림의 종주가 되신 선생님의 선조인 초려 이유태 선생과 나의 선조인 동춘당 송준길 선생으로부터 시작되었다. 두 분이 남다른 우의를 가지고 세교를 나누었으니 이 또한 남다른 인연이 아닌가? 400년 후, 절친한 도의지교를 나누던 조상들의 후예인 초려 이유태의 11대손과 동춘당 송준길의 11대손이 만났으니 그 또한 의미 있는 만남이 아닐까. 그 정리를 생각하여 나에게 준엄한 가르침을 주신 것 같다. 사실 병주 선생님을 뵐 때, 표현은 못 하지만 이심전심으로 가까운 집안 어른같이 존숭하며 선생님은 나를 가까운 가아家兒로서 생각하며 무언의 격려를 해주며 생활하고 있었다. 나는 이 호기를 대청에 걸어두고 수시로 선생님의 가르침의 뜻을 생각하며 그 방향으로 가려고 노력하며 명상에 빠지곤 한다.

병주 선생님께서 '이당'이라는 호로 내 삶의 방향을 제시해주신 것처럼 나도 누군가에게 호를 전하며 인생의 이정표를 갖게 하고 싶었다. 그리고 몇 명의 가까운 지인들에게 호를 지어주기도 했다.

먼저 2016년 4월에 어릴 적 절친인 나병욱에게 상암象岩이라는 호를 지어주었다. 고봉산에 있는 코끼리바위 이름을 딴 것인데 우리가 고향 줄미에 살 때 이 코끼리 바위를 즐겨 올라다녔고, 동네 사람들은 이 바위를 큰 바위 얼굴이라고 부르며 앞으로 이 동네에서 위대한 인물이 날 것이라고들 이야기했다. 마침 친구의 종교가 불교이고 코끼리가 불교에서 마음과 힘, 평온과 실천을 상징하므로 이보다 더 좋은 호는 없을 듯 싶었다. 또, 친구의 이름이 병욱炳旭으로 '밝게 빛난다'라는 뜻이 있으므로 부처님의 덕이 밝게 빛나고, 자손들이 현달하여 번창하게 되기를 희망

한다는 뜻으로 이 호를 전했다. 친구도 반갑게 받아들였는데 이 호를 즐겨 기쁘게 쓰기를 바라는 바이다.

다음 해에 두 번째로 호를 지어준 친구는 1984년 대전여고에 부임했을 때 행정실에 근무했던 사람 좋은 친구 이운익이다. 항시 남을 위하여 봉사하는 그를 나는 좋아했다. 연배도 비슷하여 퇴근하면 술도 나누고, 대동에 있는 처가로 가서 2차는 그 집에서 늦게까지 신세를 지는 등 가깝게 지냈다. 그 인연이 30여 년이 흘렀어도 변함없고 지금도 여전히 상암과 함께 1년에 너댓번씩 만나 회포를 푼다. 건강할 때는 수시로 만나 술도 마시고 테니스도 치는 등 즐겁게 만나면서 지내는 막역한 지우인데 그를 보고 느낀 바 있어 호를 지어주기로 마음먹었다. 그 성품이 항시 푸르고 올곧기에 솔과 대나무 같아 취당翠堂이라는 호를 지어주었다.

> 사관리 앞을 흐르는 영내의 맑은 물과 뒷산의 푸른 솔은
> 그대의 관용스럽고 올곧은 성품을 상징하고,
> 항시 자기를 비워 남을 채워주는 항상 푸르른 사나이!
> 푸르른 향기 본받아 翠堂이라 號하나니
> 취당의 그윽한 향기 널리 널리 퍼지리라.

세 번째로 호를 지어준 이는 같은 연배이면서 5촌 당질이 되는 용석이다. 2020년 7월에 문중 일로 50여 년 만에 만났는데 내가 아저씨라고 같이 늙어가는 칠순 넘은 노인에게 함부로 용석

이라고 부를 수가 없기에 호를 지어주기로 마음먹고 오랫동안 고심하였다. 가만히 생각해보니 당내간에 용석이를 나만큼 아는 사람도 없다. 용석이가 초등학교 들어가기 전 고향 줄미에서 생활했고, 초중고 생활을 대전 대흥동에서 살다가 서울로 대학가고 고향을 떠났다. 나와 용석이는 어릴 적부터 고등학교 때까지 어린 시절의 추억을 가장 많이 공유하고 있다. 나는 평소 봉강 숙부댁의 절도 있는 반가 문화를 부러워했다. 봉강댁에 드나들면서 대종중 손님들을 접대하는 사랑방 문화라든지, 깔끔한 집안 분위기 등을 접할 수 있었는데 배울 점이 많았다. 거기 가면 애기 상대가 될 수 있는 같은 연배의 용석이가 있어 서먹서먹하지 않았다. 이후 서로 각자의 삶에 충실하느라 자주 만나지 못했는데 어릴 적 깊은 교류가 있었던 덕분인지 50여 년간의, 세월의 간극을 금방 뛰어넘을 수 있었다. 집안 어른들의 애기, 아버지와 봉강 숙부와의 논쟁에 관한 애기 등 어린 시절에 들었던 집안 애기로 한참 대화를 나누다 보니 용석이가 동춘당 선조를 둔 집안에 대한 자긍심과 조부인 봉강공에 대한 자긍심이 많다는 것을 느꼈다. 그의 인품은 봄 언덕에 훈풍 불 듯 마음이 따뜻하고 훈훈하다. 이름은 '얼굴 용容'에 '충실할 석碩'으로, 따뜻한 인품이 꽉 차 있다는 뜻에서 용석이라 한 것 같다. 또한 동춘당 선조의 정신을 기리면서 가문의 전통을 이어받고자 하는 정신과 집안 사랑의 전통을 지키고자 대종중 일에 헌신하셨던 봉강공 조부에 대한 흠모의 마음이 생활에서 묻어난다. 이런 정신에 걸맞은 호로 춘강春岡이라 지어주었다. '춘春'이란 동춘당을 일컫고 '강

岡'이란 조부인 봉강공鳳岡公에서 따온 것이니 동춘당과 봉강공의 가풍과 유업을 이어받고자 노력하는 용석이의 따뜻한 마음과 가문 사랑의 정신을 표현한 것이라 할 수 있다.

춘강이라 호를 지어주고 나니 아! 어찌 우연히 지은 호가 이와 같을까? 큰댁 당질인 용길이의 호가 동춘당과 아버지인 죽천공竹泉公에서 한자씩 따서 동천同泉이라 호했으며, 용석이는 동춘당과 조부인 봉강鳳岡에서 한자씩 따서 춘강春岡이라 호했고, 나는 절차탁마해서 동춘당으로 써먹으라고 하는 뜻에서 이당以堂, 우리 셋의 호를 한 글자씩 따서 합쳐보니 이 또한 동춘당同春堂이 아닌가? 이는 우리 세 사람이 조상에 관한 생각이 같다는 것을 의미하고, 영원토록 동춘 선조의 정신을 이어받으면서 가문의 전통을 지키라는 선조들의 준엄한 뜻인 것 같다. 한동안 그렇게 딱 맞는 춘강이라는 호를 찾아낸 나에게 스스로 찬사를 보냈다.

그리고 또 문중 조카인 용배에게 지어준 '태산'이라는 호가 있다. 그 호의 연원을 올라가 보면 내가 대흥동 수도산 테미에 모셔진 동춘당 넷째 손자 상주공 병익 산소 재실에서 용길이 용배 형제들과 함께 용배 둘째 고모가 해주는 밥을 먹고 생활했던 시절로 거슬러 갈 수 있다. 그때 우리는 그 집을 테미학사台山學舍라고 불렀다.

1970년 내가 대학 1학년 때부터 군에 입대하기 전, 3년 동안 가래울 홍원(욱빈) 형님의 큰아들 용배와 같이 생활했다. 그때 용배는 중 1의 어린 학생이었다. 그는 표정은 밝았지만, 어딘가 항시 우울하고 슬픔에 잠긴 것 같은 느낌이었다. 당시 용배는 나에게 "아저씨, 저는 소설을 쓰고 싶어요. 시도 쓰고 싶고…… 제가 동명초등학교 다닐 때 소설도 써본 적이 있어요."라고 이야기하곤 했다. 그러더니 공부는 안 하고 좋은 명시를 베껴 쓰는 것을 즐겨했다. 내가 군에 입대하고, 항빈 형님이 용배와 그곳에서 같이 생활했는데, 형님이 늘 말씀하시기를 "용배는 고등학교 다닐 때도 공부는 안 하고 시만 베껴 쓰더라."라는 얘기를 했다. 이후 오랜 시간이 흘러 용배는 시인으로 등단하여 중견 시인이 되었고, 충남교육청의 우수한 국어 교사가 되었다.

아! 우연이 어찌 이와 같단 말인가? 지금 생각해보니 우리가 생활했던 상주공 산소가 태산의 봉무대鳳舞臺라는 천하의 명당자리였던 것이다. 그곳 테미학사에서 생활했던 우리는 그때는 몰랐다. 그 유래는 이렇다. 상주공의 아들 묵옹공 요좌께서 돌아가신 아버지를 위해 여러 번 장지를 골랐으나 다 불리하여 무릇 4개월을 기다리던 중 꿈에 한 신선이 나와 복숭아 하나와 금쟁반을 주고 갔는데 해몽해보니 그것을 받은 자리가 금쟁반에 복숭아를 드리는 형국, 즉 천하의 명당이라는 거다. 그래서 그곳에 상주공 산소를 잡았다고 한다. 그곳 재실에서 공부하던 나와 형님은 상주공 9대손이고, 용배 형제들은 10대손이다. 우리는 보이지 않는 상주공의 음덕을 흠뻑 받으면서 70년대의 어려움을 극복하고 생활했던 것 같다. 테미의 봉무대에서 꿈을 키워온 용배에게 태산台山이라는 호를 지어주었다. 어렵고 힘든 시절, 방황 속에 있으면서도 시 습작을 계속해 시인이 되었듯이 앞으로도 희망을 향해 부단히 노력하며 나아져 가기를 바란다. 용배 아버지인 홍원 욱빈 형님께서 1980년 도립병원에서 돌아가시기 전에 내게 유언같이 간절하게 하신 말씀이 있다.

"성빈이, 내가 죽더라도 용배를 잘 부탁하네."

그러나 마음만 있었지 그 말씀을 이행 못 했기에 늘 죄송한 마음이었는데 '태산'이라는 호를 지어주니 아저씨로서 조금은 할 일을 한 것 같다.

제4부

은송의 역사를 한 자리에

집안에서 명절이나 세일사에 가문의 내력과 선조들의 이야기를 들어왔기에 역사엔 늘 관심이 많았다. 성장하면서 그 문화가 자연스럽게 몸에 밴 덕분일 테다. 게다가 학위를 위해 연구한 것과 답사를 즐겨 다닌 것, 충남향토연구회와 선비문화원 등의 참여로 견문을 넓힌 것들이 결국 나를 향토사학자로 성장시켰다. 그리고 그런 나에게 큰일이 주어졌다. 버겁기도 하지만 의미 있는 문중 사료 정리 작업이었다.

2020년 7월, 송태영 대종중 회장님께서 문중 홈페이지 작업을 책임져달라는 부탁을 하셨다. 종중 홈페이지를 구축하여 젊은 세대의 관심과 참여를 유도하겠다는 취임사로 홈페이지 구축을 공식적으로 발표한 지 2년 만의 일이었다. 임기 내에 이행될 수 있도록 최선을 다하시겠다며 추진계획을 구상하고 계시던 중 내가 떠올랐다며 도와 달라고 간곡히 부탁하시는 거다. 지금은 책의 시대가 아닌 컴퓨터의 시대로 모든 정보를 컴퓨터에 담고 있고, 타 종중 심지어는 벽성僻姓까지도 홈페이지가 있는 실정을 말씀하시며, 명문으로 자처하는 은진송씨가 홈페이지가 없는 건 말이 안 된다면서 한탄하셨다. 그 말끝에 홈페이지를 만들고 그 안을 채울 원고를 써보라고 부탁하시는 거다. 선뜻 결정을 내리기 어려웠다. 반드시 해야 할 일이지만 워낙 중차대한 문제라 나 혼자서는 감당할 자신이 없었다. 나 말고 다른 적임자가 있을 것 같아서 강단에 서고 있는 교수님들과 전문가들이 떠올라 연락도 해보고 수소문도 해보았지만 다들 미안하다며 사양하는 것이었다. 종중 홈페이지를 개설한다는 데는 서로 뜻이 통했던 송모 교수도 학교 일과 수업연구가 너무 바빠 같이 참여하지 못함을 이해해달라고 역설했다. 사실 두 가지 일을 병행하기가 어렵기 때문에 충분히 이해되었다.

그간의 경과들을 보고하느라 회장님을 만나고 몇 차례 논의를 해봤지만 별 진전이 없었다. 회장님께서는 이당이 책임지고 이 일을 해야 한다, 같이 일할 사람을 알아보라고 명하셨다. 워낙 중대한 사업이라 나에게는 분에 넘치는 일이라는 생각뿐이었다. 우리 문중의 홈페이지는 외부에서 관심이 많아 학계에서 명망이 있는 교수님이 맡아야지 나 같은 학식이 짧고 필력이 없는 사람은 수행할 수 없다고 계속 거절했다. 하지만 할만한 사람은 문중에 이당밖에 없다고 간곡히 부탁하시는 거다. 순간 고민에 쌓였다. 거절하는 것도 한계가 있지 않은가. 나 자신이 문중에 홈페이지가 있어야 한다고 역설하면서도 막상 하라고 하니 실력이 모자란다고 빼는 것도 이치에 맞는 행동은 아닌 것 같았다. 나 역시 말만 하고 행하지 않는 사람들과 무엇이 다른가? 회장님의 간절함을 못 본 척할 수도 없고, 그렇다고 방대한 원고를 쓸 능력은 없고, 그러나 하기는 해야 하고……. 부담이 너무 커서 공황 상태에 빠질 지경이었다.

생각다 못해 2016년에 『은진송씨세적사』를 발간한 이종진 사장과 통화를 하였다. 우리 종중에 홈페이지를 개설해야 하는데 『은진송씨세적사』 CD가 있느냐고 물으니 가지고 있단다. 그때 퍼뜩 생각이 스치면서 홈페이지는 결국 39파의 파조 소개가 가장 큰 문제인데 그 원고 CD를 받고 이종진 사장과 같이 일하면 일이 풀릴 것 같다는 묘책이 떠올랐다. 순간 자신이 생겼다. 그 길로 회장님과 함께 종려나무 이종진 사장을 찾아가 자초지종을 이야기하고 작업을 시작했다.

다음으로 광산김씨 홈페이지 목록과 안동권씨 홈페이지 등, 여러 종중 목록을 살펴보며 우리 은진송씨 문중에 맞는 홈페이지 목록을 구상했다. 그다음으로 같이 작업할 사람을 찾는 일이 관건이었는데 그게 쉬운 일이 아니었다. 회장님은 유능하다고만 일이 되는 것은 아니라며 서로 협조하면서 일할 만한 사람을 찾아보라셨다. 불현듯 '아차, 그 생각을 왜 못 했을까?' 싶은 분들이 떠올랐다. 이미 4년 이상 손발을 맞춘 종보 편집위원들이 생각난 것이다. 부족한 대로 원고작성은 내가 하고 이후 편집위원들과 논의해가면서 보충하고 교정하면 될 것 같았다. 파조 소개는 『은진송씨세적사』 CD를 보완해서 담으면 될 것이었다. 드디어 해결책을 찾게 되어 송재억, 송구영, 송진세 편집위원으로 구성하겠다고 보고드리니 회장님은 흔쾌히 승낙하시면서 내게 수석 편집위원 겸 총괄직을 맡기셨다. 교정위원은 차후 인선하기로 하고 10월 종보 편집회의 때 인선 발표를 했다. 체제가 만들어지니 마음가짐도 새로워졌다. 다른 문중과 색다르게 우리 은진송씨만의 특징을 잘 살리는 방법에 방점을 찍고 구상에 들어갔다.

생각해보니 은진송씨 문중 홈페이지 작업은 하루속히 이루어져야 할 은송 후손들의 책무였다. 타 문중과는 비교가 안 될 정도로 많은 문집을 생산하고, 가승[家乘]의 기록을 남겨 아날로그 시대에 기록을 선도해가는 최고의 가문으로 남았으니 그 전통을 디지털 시대에서도 이어야 하지 않는가. 그러니 홈페이지에 선조들의 기록을 담아내는 일은 문중 기록을 많이 보유한 우리 문중의 자존심을 세우는 일이었다. 기록문화의 선도에 서 있었던 은진송씨의 참모습을 보여주고자 온 힘을 기울여 작업을 기획하고 자료수집과 원고를 작성하여 미흡하나마 홈페이지를 구축해 나갔다. 2020년 7월부터 홈페이지 구축에 따른 자료수집을 준비하였다. 먼저, 『은진송씨세적사』를 다시 꼼꼼히 살펴보니 오류가 많이 있어 10월부터 12월 초순까지 세 번이나 꼼꼼히 살펴보면서 교정을 했다. 이후 일주일에 삼사일은 대종중에 들려 회장님과 원고 쓴 것을 보고하고 수정하면서 분류별로 원고를 작성해 나갔다.

그러던 중 문제가 생겼다. 평소 전립선 비대증으로 병원에

다녔는데 검진 결과 문제가 있어 큰 병원으로 가라는 의사의 조언을 받았다. 세종 충남대병원으로 가서 정밀 검사를 받았는데 그 결과 전립선암이 심하다는 처방을 받았다. 홈페이지 구축이라는 막중한 책임을 맡아놓고 병원에 입원하게 되었으니 그때 그 심정을 어떻게 말로 표현할 수 있을까. 심란하고 걱정되고 조바심이 났지만, 마음을 진정시키며 죽더라도 이 일은 마치게 해달라고 조상님께 간절히 기도하였다. 4월 23일 수술을 한 후 한 달여 기간을 병원에 입원해 있었다. 퇴원하더라도 당분간 안정을 취하면서 쉬어야 한다는 의사의 조언을 받았지만, 상황이 상황인지라 퇴원하자마자 종중으로 복귀해 일에 몰두했다. 소변이 흐르는 불편한 몸을 이끌고 어정쩡한 걸음으로 걸어 다니며 정말 신들린 듯이 일했다. '이 일은 내 일생의 마지막 필생의 사업이다. 부디 탈 없이 성공적으로 마무리하자.' 다짐하고 또 다짐하며, 말이다.

드디어 2022년 1월 말 은진송씨 대종회 홈페이지가 공개되었다. 1년 6개월의 준비 작업을 거쳐 2015년에 발간된 『은진송씨 세적사』를 기본으로 하여 은진송씨 대종회의 정보 자료 등을 수집하여 여러 차례 검증과 교정 작업을 거쳐 공개하게 되었다. 홈페이지를 완성하기까지 짧다면 짧고 길다면 긴 1년 반 기간 동안 건강상의 문제는 왜 그리 많았는지. 전립선암 수술이 끝이 아니었다. 이후 독감 백신 후유증으로 3박 4일 입원하고 퇴원 후에도 근 한 달간 누워있어야 했다. 그런데 이 와중에 홈페이지 작업 틈틈이 『은진송씨 대종회 사적』과 『은진송씨 가문의 할머니들 이야기』를 썼으니 그렇게 한 나도 불가사의하다. 어떻게 원고를 썼는지 나 스스로도 감탄스럽다. 그야말로 보이지 않는 곳의 보살핌이 있지 않았나 싶다. 아무튼 조상님들이 도우셨는지 무사히 잘 마무리되었고 사람들의 반응도 예상외로 좋았다.

평산신씨 대종회 사무국장 신현기 씨는 내용이 아주 고품격이면서 신선하고 컴퓨터 전문가인 자신이 보기에도 기술력이 훌륭하다고 찬사를 아끼지 않았다. 일반인들이 이해하기 좋게 디테일하게 만들었다면서 『평산신씨 천년사』를 보내면서 조언까지 구하는 거다. 또, 충남발전연구원의 유병덕 박사는 문중 홈페이지로서는 획기적으로 변화된 모습이라며 전체적으로 훌륭하다는 평가 뒤에, 자료들에 원문과 원전 소개까지 곁들였으면 좋겠다는 것과 링크가 너무 많이 걸려있으니 풀었으면 좋겠다는 아쉬움을 전했다. 이외에도 많은 연구자가 연구에 도움이 될 것 같다면서 자주 참고하여 보겠다고 칭찬과 격려를 해주었다.

은송 가문의 할머니들 이야기

홈페이지 구축사업으로 문중 연구 작업을 하다 보니 새삼 아쉬운 것이 있었다. 당시 상황에서는 당연한 일이었겠지만 여성들의 기록은 찾아보기 힘든 거다. 남성들의 전유물이 되는 홈페이지를 보니 여인들의 기록도 발굴하고 남겨야겠다는 생각이 들었다. 사실 고흥류씨 할머님이 개성에서 아들 쌍청당 송유를 대전으로 업고 오면서부터 은진송씨의 역사가 시작되지 않았던가? 여성들의 이야기도 비중 있게 다뤄봄직 한데 그나마 실질적인 은진송씨 가문의 장을 펼치신 류조비의 이야기 등 몇 분의 이야기만 남아있지, 그 외 여인들의 삶은 알려진 것이 별로 없었다. 이제라도 누군가가 흩어져있는 은송 할머니들의 이야기를 구슬에 꿰어놓으면 좋겠다고 생각하고 있었는데, 우연인지 필연인지 그 일이 나에게까지 오게 되었다.

홈페이지에 담을 자료들을 상의하느라 대종중 송태영 회장님을 자주 찾아뵙던 중 또 다른 제안을 받게 되었다. 얼마 전부터 은진송씨 할머니들을 책으로 엮고 있었는데 애석하게도 그 일을 맡으신 충남대학교 송백헌 교수님이 병원에 입원하셨다는 거다. 훌륭한 할머니들의 업적을 발굴하고 기록해서 후손들에게 귀감으로 삼아 본받게 하려는 뜻이었는데, 그 교훈서를 쓰시던 교수님이 더 이상 하실 수 없게 되었으니 대안을 찾는 중이시란다. 회장님께서는 내게 초고를 보여주시면서 책을 살펴보고 보완하고 교정 편집해서 완결해주었으면 한다는 부탁을 하셨다. 나도 염두에 둔 일이었고 의미 있는 일이라 마음은 갔지만 교수님께서 구상한 책을 완성할 능력도 없고 그럴 재목도 되지 않아 사양하였다. 힘닿는 데까지만 하고 나머지 부족한 것은 후일을 도모하여 기록이 발견되는 대로 보완하면 된다며 재차 권하시어 "집 한 채를 제대로 지으라는 것이 아니라 초석을 세우는 심정으로 하라."는 말씀에 그러겠노라, 요청을 받아들였다. 더 이상 사양할 방법이 없었던 것이다. 이런 연유로 어쩌다가 내가 이 책을 엮게 되고 공동 저자라는 영광까지 얻게 되었는데, 안타깝게도 그 과정에서 송백헌 교수님이 유명을 달리하셨다. 책이 출간된 것은 기쁜 일이었지만 교수님께서 완성된 책을 보시기도 전에 세상을 떠나신 건 너무나 가슴 아픈 일이었다. 저세상에서 보시기에 흡족한 책이어야 하는데 어떻게 보실지 부끄럽기만 하다.

은진송씨 가문의 할머니들 이야기에는 총 예순아홉 분의 이야기가 담겨 있다. 고려 말에서 조선조로 이어온 은진송씨 600

여 년의 역사에서 가문을 지키기 위한 여성들의 숨겨진 노력을 담아내려고 했다. 은진송씨 가문이 명문으로 부상하게 되는 시점은 동춘당 송준길 선생과 우암 송시열 선생이 활발하게 활동하던 효종 대의 일이다. 고흥류씨 할머님이 돌아가신 지, 260년이나 지난 후 묻혀있었던 가문의 역사가 되살아나 류씨 부인의 정려가 내려지게 된다. 우리 가문을 문벌로 만들기 위한 노력으로 쌍청당과 어머니 류조비 가문을 중시조로 하여 바야흐로 부흥의 역사를 쓰고자 했던 것이다. 선조들은 조상을 위한 위선사업爲先事業을 펼치면서 가문의 숨겨진 이야기들을 찾아내어 세상에 알렸다. 지금 할머니들의 이야기를 세상에 내놓는 작업도 그 연장선상이리라.

1652(효종 3)년 우리 가문에서는 그동안 알려지지 않았던 류조비 산소를 발견하고 묘전에 제사를 지냈다는 기록이 동춘당 송준길이 지은 행장의 한 대목에 나온다.

> …… 지난해 집안 사람 중에 하나가 사냥하다가 우연히 관동의 동산에 올랐는데 표지가 있는 무덤이 있는 것을 알고 보니, 바로 부인의 묘였다. 추파 자손 8대손 석조가 문중 사람을 데리고 제사를 올리고 묘전을 마련하여 매 3월 상순 1년에 한번 제사를 지낸다. ……

부인의 묘를 발견한 분은 사직공파(주부공) 익복이었다. 류씨 부인의 개가 거부는 실제로 자손이 절손될 뻔했던 가문의 대를 이어주었을 뿐만 아니라, 송씨가문에 열녀가 났다는 도덕적 우월성과 명예로운 후광을 안겨주었다. 당시 문중에서는 류조비께서 개경에서 내려오실 때, 개가를 거부한 광산김씨의 양천 허씨 부인, 남원양씨의 숙인 이씨 부인, 3열부가 같이 내려왔다. 양천 허씨나 숙인 이씨는 이미 세조 때 열녀로 인정받아 정려가 내려졌는데, 같이 내려왔다고 전해오는 류조비의 일은 집안의 미담으로만 전해올 뿐 국가로부터 공식적인 입장을 받지 못하고 있었다. 동춘당께서 이 일을 시작하면서 하늘의 가르침이 있는 것 같다시며 "류조비가 정절을 지킨 행실은 옛사람과 비교해도 부끄러움이 없는데 묻혀서 알려지지 않고 있으니 자손들이 무어라 속죄하겠는가?" 하시면서 정려를 받기 위하여 온 문중이 합심 노력하여 260여 년 만에 국가로부터 공식 인정을 받아 자랑스러운 은진송씨의 역사가 이루어지는 계기를 마련했다. 묘갈의 한 대목은 다음과 같다.

"나이 22세에 남편을 여의고 82살에 사망하였으니 성품이 대장부의 뜻과 같아서 종신토록 수절하였다."

이 책은 다행히도 다른 문중에 비해 할머니들에 대한 100여 편의 제문과 190여 편에 대한 묘갈과 묘지명, 유사遺事, 전傳 등이 남아있어 그것을 참고로 하여 할머니들의 사적을 엄선하여 기록했다. 책의 주요 내용은 류조비의 열행을 시작으로 시집가서 남편의 의로운 길을 따라 스스로 목숨을 끊은 동파공 여익의 따님인 충암 김정의 아내, 남편을 따라 죽음을 택한 병조의 아내 덕수이씨 부인과 환유의 아내 연안이씨 부인, 남편을 살리기 위해

도둑의 칼을 몸으로 막고 목숨을 잃은 지덕의 아내인 인평이씨 부인 등 정절을 지키거나 남편을 지킨 사람들이 담겨 있다. 또, 친정아버지 곁을 지키며 아들을 훌륭하게 키워낸 송애당 김경여의 어머니이신 송담 남수의 따님, 양아들 사우당 국택을 바르게 교육하고 남편 금암 몽인이 31살로 요절하자 아들 사우당과 함께 유고를 정리 수집하여 『금암집』을 펴낸 여흥민씨, 동춘 선생의 증손부로서 천재 여류시인이었던 요화의 아내 호연재 안동김씨 등 타의 모범이 될 은진송씨 가의 딸이나 며느리들의 이야기들이 담겨 있다.

더욱 눈여겨봐야 할 것은 당시 엄격한 신분사회에서 노비가 정당한 대접을 받지 못하던 시절에 노비들의 무덤을 세워준 이야기다. 우암께서 부친 갑조의 유모로 할머니 광주이씨가 시집올 때 따라왔던 노비인 교전비[轎前婢]였는데, 우암 부친이 어렸을 때 어머니의 젖이 모자라 유모 헌비의 젖을 먹고 자랐음을 잊지 않고 유모의 비를 세워준 사연과 연재 선생이 자결하자 선생의 인품을 흠모하여 함께 따라 자결한 여종 공임의 이야기도 담겨 있다.

문중의 전통을 지켜가는 데는 여성의 숨은 노고도 컸을 것이다. 은진송씨 문중의 발전을 이루게 한 것은 말없이 문중의 전통을 이어 준 며느리들이며 시집간 딸들이 아니겠는가. 앞으로 문중 사회도 남성 위주의 종중 역사에서 여성의 역사도 발굴되어 다양한 종중 문화가 이루어지기를 바라는 마음이다.

조각보 잇는 순이

어느 날 아내 진순이가 "결혼해 사느라 진이 다 빠져서 순이만 남았다."고 뼈 있는 농담을 던졌다. 정말 그랬다. 나 같은 남편이 어디 또 있을까. 집안 일에 무신경하다 못해 아예 나 몰라라 했기에 집안 대소사 등 많은 일들을 아내 혼자 떠맡으며 살아왔다. 시댁 일로 골머리를 앓게 만든 적이 부지기수였고, 누워 꼼짝 못하는 시아버지 병수발을 10년 가까이 하게 했으니 이보다 더할 수 있을까. 그럼에도 아내는 시부모 살아생전에는 잘 봉양하였고, 돌아가시고 난 후에는 정성껏 제사를 모셨다. 집안을 잘 다스리고 자녀교육을 잘했다고 주위 일가친척들에게 칭찬도 많이 받았다. 그에 비하면 나는 아무것도 내세울 것이 없다. 그야말로 유구무언이다.

아내는 시댁 일들을 살뜰히도 챙겼다. 누가 아프시다고 하면 나보다 앞장서서 병문안을 갔고, 맛있는 것들을 챙겨 인사하는 것을 즐겨했다. 집안 어르신들 모두가 아내를 이뻐한 건 어쩜 당연한 결과였겠다. 그 마음이 서로 통해서였을까? 아내는 돌아가신 어르신들 꿈을 가끔 꾸었는데 들어보면 현실과 맞아 떨어지는 경우가 많았다. 예전 선조들이 책에 기몽記夢이라고 해서 꿈을 적어두셨듯 나도 아내의 꿈을 기록해 놓았는데 이런 꿈들이었다.

2015년 2월 18일 아내의 꿈에 아버지가 나오셨다. 우리 집에서 지내던 부모님 제사를 형님이 모시고 가겠다는 의사를 밝히고 난 후 어떻게 해야 하나 고심하던 때이다. 노은동 집 2층의 아버지가 계시던 방에서 아버님이 장롱의 옷을 찾아 갈아입으시고는 이제 가야겠다고 나서시려는 모습을 보면서 꿈이 깨었다는 것이다. 다음 날 일어나 그 꿈을 얘기하면서 우리는 노인네가 이제 큰아들네로 가시고 싶으신 것 같다고 해석하여 형님에게 제사를 넘겨주었다. 때마침 꾼 꿈 때문에 부담없이 제사를 넘겨드렸다.

언젠가는 제 갈 길을 못 가고 방황하시는 숙모님의 꿈을 꾼 후 기도를 올린 적도 있다. 아내가 어느 벤치에 앉아 있었는데 앞에서 무슨 잔치를 하는 것 같았다고 한다. 숙모께서 색깔 있는 고운 모시 한복을 입고 앉아 계셨는데 모시 한복이 많이 구겨져 있어 왜 한복이 구겨져 있냐고 물어도 아무 대답이 없으셨다. 꿈을 깨고나서 '아직 극락에 가시지 못하고 헤매고 계시는구나! 인제 가려고 준비하시는가 보다.' 하고 생각하고, 성당에서 성당의 전례인 예물을 드리고 죽은 자의 영혼이 극락으로 갈 수 있도록 지내는 연미사를 넣었다고 한다.

또, 작은어머니 꿈도 꾸었는데 꿈에 아내가 엘리베이터를 타려고 서 있는데 하얀 무명 바지저고리를 곱게 차려입은 할머니가 다가왔단다. 그래서 “어디 가셔요?”하고 묻다가 꿈이 깨었는데 생각해보니 그분이 작은어머니 같았다는 거다. 옷차림새가 생전처럼 단정하고 곱게 차려입으신 모습이 천당에 가시는 것 같았다고 한다. 평소 항상 옷이 깔끔하고 옷매무새가 고우셨고 키가 크셔서 유난히 한복이 잘 어울리셨던 작은어머님은 천생 한국의 사대부가 여자의 기품을 그대로 이어받았다. 그러면서도 말씀도 잘하시고 말의 스타일은 항상 은유적인 말씀으로 상대방에게 의사를 전달하였다. 우리 집에 오셔서 하루 주무시다 가실 때는 우리 대소가의 옛일을 소상히 얘기하시곤 하셨다. 특히 어머니 얘기를 많이 해주셨다. 어머니가 아버지로 인해 고생한 이야기를 하시면서 할머니께서 아버지만 보면 어머니한테 잘하라고 혼내주셨던 것과 할머니가 어머니를 불쌍하게 여겨 잘 대해주셨다는 그런 얘기들을 전해 주셨다. 그러면서 어머니가 법 없이도 사실 착한 분인데 고생을 너무 많이 했다고 안타까워하시곤 했다. 그런 분이셨기에 내겐 더없이 소중한데 아내의 꿈에 좋은 모습으로 나왔다니 기뻤다.

은진송씨 가문으로 시집와 온갖 고생을 다한 아내는 내 병간호로도 몇 년이나 병원을 드나들었다. 그래도 그나마 지혜로운 아내는 병간호를 하는 힘든 상황에서 조각보를 하게 되었다. 아내의 인생 후반기 동반자가 되었던 조각보와의 인연은 우연히 이루어졌다. 2010년 즈음의 일이다. 그때 아내 나이가 환갑 한 두 해 전이었는데, 이웃에 사는 친구의 규방공예 중 모시 조각보를 배우게 되었다. 크게 의미를 두지 않고 갔는데 거기서 청계 임혜숙 선생님을 만나고는 마음을 다 쏟으며 다니는 거다. 시간이 지날수록 빠져들더니 급기야 바느질을 하느라 밤을 새기도 하였다. 한참 조각보에 빠져 있을 때는 잠을 자거나 집안 일을 할 때를 제외하고는 바늘을 손에서 놓지 않았다.

의견이 분명한 아내는 일단 선택을 하면 주어진 것에 최선을 다하는 사람이다. 좋아하거나 해야 할 일은 확실하고 똑부러지게 해내는 성격이다. 그런 아내에게 조각보 작업이 걸려 든 것이니 그 열정을 어찌 말릴 수 있으랴. 배우기 시작한지 얼마 안 되어 스승의 문하생들이 합심해 노은동 카페를 빌려 작품전시회를 하더니 조금 있다가는 판을 더 벌려 동호인들과 함께 계룡시 예술의전당에서 전시회를 열었다. 그리고 아내는 동호인전을 한 지 1년이 지난 시점에서 〈규방에서 들려주는 규방 이야기〉로 세 번째 동호인전을 열었다. 그리고 조각보를 배운지 근 7년 만에 첫 개인전을 인사동 인사아트프라자갤러리에서 열게 되었으니 그간의 행보가 어땠을지 짐작이 가지 않는가? 눈 뜨면서부터 잠들 때까지 바늘을 들고 살았다. 그야말로 조각보에 빠져 살았다.

아내의 세 번째 동호인전인 〈규방에서 들려주는 규방 이야기〉는 말 그대로 아내의 공간인 작업실을 포함해 우리 집 전체를 전시실로 꾸몄다. 2014년 7월 11일부터 7월 17일까지의 기간이었는데, 세종으로 이사 가기 전 노은동 단독주택에서의 마지막 추억이었다. 1층에서 3층 다락까지 모두 전시실로 꾸미고 아내가 공들여 만든 작품이 온 집안에 내걸렸다. 하지만 정작 그 진풍경이 펼쳐지는 뜻 깊은 자리를 나는 볼 수 없었다. 관절염 수술을 받아야만 했기 때문이다. 하필이면 그때 무릎 상태가 갑자기 악화되는 바람에 아내가 우리 집에서 세 번째 동호인전 하는 역사적인 순간에 선병원 침대에 누워 있어야만 했다. 아무 도움이 못 되어서 무척 미안했고 대신 축사만 전해 줄 수밖에 없었다. 게다가 전시회를 마치고 바로 세종으로 이사를 하게 되었는데 한 달을 입원해 있었으니 중요한 시기에 아무것도 도와주지 못하고 오히려 짐만 된 것이다.

전시회며 이사며 큰일들을 연거푸 치러낸 아내는 내 병간호까지 하게 되었다. 이후에도 무릎 상태가 좋아지지 않아 2014년 7월부터 2016년까지 약 3년에 걸쳐 대전 선병원과 세브란스병원에서 7번의 수술과 2번의 시술을 했다. 그런 나를 간호하는 와중에 아내는 조각보 만들기에 혼신을 기울였다. 장기간 간병하는 시간에 무료함을 달래기 위해 병상 앞에서 쪼그리고 앉아 모시 조각보를 한 것이다. 생각해보라. 길게는 석 달, 짧게는 한 달을 병간호하면서 환자 침대 옆 불편한 보조 침대와 의자에서 모시 조각보 작업을 했다. 어디 몸만 불편했겠는가? 어쩌면 다리를 잘라내야 할 지도 모르고, 잘 된다고 해도 무릎이 굽혀지지 않는 뻗정다리로 살아야 될 지도 모른다는 걱정과 불안 속에 가슴 졸였던 시절이 아니었던가!

이 기간에 모시 조각보 만들면서 수 없는 착오를 거치면서 진순이 조각보가 만들어졌다고 한다. 그야말로 혼신의 힘을 다해 만든 것이다. 나중에 알고보니 아내는 나의 건강을 위해 기도하는 마음으로 그렇게 한 것이었다. 예술가들도 고난 속에 명작을 만들어 낸 것처럼 아내도 남편의 병간호 속에 훌륭한 조각보 작품들을 만들어냈다. 하도 열심히 바느질을 해대니까 주변에 간호하고 있는 서울깍쟁이 아줌마들이 조각보를 만들면 수익이 되냐는 둥, 자신들이 보기에는 영양가 없는 작업이라는 둥, 쓸데없는 참견들을 해왔다. 하지만 그런 것에 흔들릴 진순이가 아니다. 아내는 누가 뭐라 하든 한결같이 바느질을 하면서 병상을 지켰다. 어느 날, 그때를 회상하며 아내가 이런 말을 했다. 세브란스 병원에서 조각보의 진리를 깨달았다고, 조각보 때문에 지루한 병상을 지켰노라고….

내가 투병하고 있을 때 그 고통을 같이 겪으며 하나하나 엮어간 조각보. 아내에게 힘이 되고 위로가 되었을 조각보들이 100여 점이 넘는 작품들로 남겨졌다. 그리고 우리는 가장 힘든 시절에 탄생한 조각보 작품들을 세상에 알리기로 했다. 남편의 쾌유를 바라는 소망과 고단한 한숨이 뒤섞여 만들어졌을 그 많은 작품 중에서 좋은 작품들을 골라 전시회를 개최했다. 2019년 5월 15일부터 5월 20일까지 인사동 인사아트프라자 갤러리 5층 3관에서 열렸던 작품전시회에서 나는 멋들어지게 아내를 향한 축사를 읊었다.

"오늘 이 전시회를 연 금사 진순이 선생은 58살 때 스승 청계 임혜숙 선생을 만난 것이 계기가 되어 그 배움을 기반으로 작품 활동을 하게 되었습니다. 이번 선보이는 작품들은 2014년 7월부터 2016년까지 약 3년에 걸쳐, 패혈성 관절염이 심하여 대전 선병원과 세브란스병원에서 7번의 수술과 2번의 시술을 한 남편을 간병하면서 무료함을 달래기 위한 것이었습니다. 남편이 장기간 입원으로 병상 앞에서 쪼그리고 앉아 모시 조각보를 한 것이 쌓였는데, 지난해까지 완성한 100여 점의 작품 중 엄선하여 이번에 전시하게 되었습니다.

작품은 크게 '모시 조각보'와 '경상도 골무', '모시 몬드리안을 만나다'로 구분해서 볼 수 있습니다. 특히 경상도 골무 100여 개의 뜻은 어머니들이 딸이 혼인할 때, 혼수로 마련해 주었던 것으로 풍요와 완성의 의미이며, 짝수는 아들을 낳고 과부가 되지 말라는 뜻을 담고 있다고 합니다. '모시 몬드리안을 만나다'는 몬드리안의 작품을 모시 조각보로 재현한 것입니다. 지난해 우연히 몬드리안 작품을 보다가 모시 조각보로 표현해 보고 싶어 시도했다고 합니다. 안방의 살림살이와 가재도구를 덮어 남에게 보이지 않게 보관하는 보자기는, 즉 조각보는 현대를 살아가는 주거 공간 실생활에서도 적용될 수 있으니 둘러보면서 법고창신의 생활의 아이디어로 활용해 보시기를 바랍니다.

이 작품전시회가 있기까지 몇 년 동안 작품을 구상하며 어느 때는 몇 날 며칠 밤을 새우며 준비를 한 금사, 수고했습니다. 작품전시회를 위해 수시로 조언하며 상의해주신 청계 임혜숙 선생, 대전 전례원장 권진희주 선생님, 옆에서 궂은일을 마다하지 않고 도와주신 이웃 오정애, 박진숙 님께 감사의 말을 전하며 정현종의「방문객」시로 축사를 갈음합니다."

축사 뒤에 정현종 시인의 시를 낭송하며 마무리를 하였다. 아내를 향한 고마움과 미안함을 담은 축사였다. 이때 정말 많은 분들이 와 주셨는데 얼마나 고마웠는지 모른다. 은진송씨 대종중 종보 편집위원이며 서양화가로 국전 심사위원을 역임하신 회산 송진세 선생님과 청계 임혜숙 선생님이 인사말을 했고, 아내의 고교 친구인 심계 박복희 여사와 비래동 현대아파트에 살 때 부부 테니스 모임을 했던 장혜경, 이은숙, 함은주 씨 등 많은 분이 참석하여 성황을 이루었다.

그리고 이 전시는 패션의 중심 프랑스 파리 중심가에서 개인초대전으로 전시할 수 있는 계기가 되었다. 우리는 그 기세를 이어 낯선 나라에서 일주일 간의 전시를 무사히 마치고 돌아왔다. 갤러리의 김명희 관장은 경상도 골무와 모시 조각보에 대한 감상을 칭찬일색으로 전하며, "가장 한국적인 것이 가장 세계적인 것"임을 다시금 깨달았다고 호평을 해 주었다. 기뻐하고 보람있어 하는 아내를 보면서 지켜보는 나도 무척 흐뭇했다. 그간의 노고가 조금이라도 풀릴 것 같아서다.

늘 그렇지만 이번 전시로 아내가 더욱 자랑스러워졌다. 아내에게 모든 걸 잊고 할 수 있는 취미가 생겨 기쁘고, 그 취미에 몰두하게 된 것이 나의 건강을 기원하는 마음에서 비롯되었다는 것이 무척 감사했다. 그리고 이제 눈도 어두워지고 허리도 아파서 더는 바늘을 잡을 수 없을 것 같다고 말을 하는 아내가 가엽고 안타깝기만 하다. 이 이야기를 떠올리고 있자니 누워 있는 내 침대 옆에서 쪼그리고 앉아 모시 조각보를 하던 아내 모습이 떠올라 애잔하고 가슴 뭉클해져온다.

행복한 보금자리

아마도 나의 마지막 안식처가 될 지금 살고 있는 이곳은 '스스로 기뻐하고 즐거워하는 집' 자이당[自怡堂]이다. 거실에 앉아 있으면 창밖으로 마을 전경이 한눈에 들어온다. 언덕 위에 자리한 덕분에 볕도 잘 들고 해가 뜨고 지는 하루의 변화와 사계절의 풍경을 거실 창으로 온전히 즐길 수 있다. 특히 석양이 질 때의 붉게 타오르는 노을과 맑은 날 외롭게 떠 있는 초승달은 언제봐도 운치 있다. 마당에 서면 내 발아래로 마을이 펼쳐져 있고, 눈앞으로 장군산과 저 먼 곳으로 계룡산이 펼쳐져 있어 가슴이 탁 트이기까지 한다.

1979년 10월, 서산 부석면 대두리에서 월 5,000원 사글셋방으로 신접살림을 시작했다. 내가 태안군 원북면 원이중학교에 있고 아내가 서산 부석고등학교에 근무하던 때다. 대전으로 전근을 와서는 성남동에서 월세를 살다가 비래동 현대아파트로 갔다. 거기에서 테니스를 배우고 성당 활동을 한 것을 발판으로 삼아 내내 운동과 종교 생활을 즐겁게 할 수 있었다. 이후 1994년도에 전민동 엑스포아파트에서 약 10년 살다가 노은동으로 와서 아파트 생활을 잠시 하고 노은동 도서관 앞에 주택을 지어 들어왔다. 그곳에서도 10여 년 잘 지냈고 2014년 7월 5일 세종시 장군면 해 누리길 35번지에 새집을 지어 현재까지 거주하고 있다.

그동안 많은 집을 전전하다가 드디어 맑고 청정한 자리, 햇살 좋은 자리에 자이당自怡堂을 지었다. 집 이름인 택호를 그리 붙인 연유는 양나라 무제 때로 거슬러 간다. 당시 제일가는 도가 사상가로 천문과 역법, 의술 등 다양한 분야를 섭렵했던 도홍경은 산속에서 은둔하며 양 무제의 부름을 받고도 나아가지 않았다. 양 무제가 산중에 무엇이 있길래 그렇게 떠나오지 못하냐고 묻자 시로써 답했는데 거기에서 나온 '자이自怡'를 취한 것이다.

임금께서 산 중에 무엇이 있는지 묻기에 답하다

도홍경

산중에 무엇이 있냐고요
산마루에 흰 구름 가득하지요
다만 스스로 좋아하며 즐길 뿐
임금님에게 드리지 못해 안타깝답니다

詔問山中何所有賦詩以答

陶弘景

山中何所有
嶺上多白雲
只可自怡悅
不堪持贈君

좋은 일, 기쁜 일이 많아지라고, 이름 붙인 자이당으로 이사하는 날, 정작 나는 유성 선병원에 누워 있었다. 약 2년 반의 병상 생활을 마치고 손꼽아 기다리던 자이당에 처음으로 발을 들여놓으면서 이제부터는 제2의 인생의 시작이라는 생각으로 짐을 정리하고 마음을 다잡았다. 그리고 무릎 패혈성 관절염 수술과 전립선암 수술 등 여러 고비를 넘기면서 '오늘이 마지막이다'라는 심정으로 마음을 비우며 하루하루를 맞고 있다.

지금까지 내가 살아왔던 삶의 터전을 되돌아보면 회한도 많고 아쉬움도 많다. 특히 어릴 적 부모님과 살던 때를 떠올리면 한바탕 악몽을 꾸는 것 같다. '흔집'이라 부르던 다 쓰러져가는 집에 살던 때, 아버지는 옆집 사랑채에 혼자 따로 사셨다. 지네가 득실거리고 구렁이가 나타나곤 했던 움막과도 같은 곳에 식구들을 몰아 놓고 자신은 편한 곳에서 지내신 거다. 매일 아침 쌀이며 곡식들이 쌓여있던 사랑채로 가서 아버지가 주는 하루 양식을 배급받듯 받아올 때면 어린 마음에도 모멸감이 느껴졌다. 이후 대궐같이 좋은 집을 지어 들어가 살 때도 우리는 행복하지 않았다. 아버지가 다른 여자를 데리고 왔기 때문이다. 어쩌면 새집이 지어지지 않았다면 그 여자는 우리 집에 안 들어왔지 않았을까? 그런 생각도 한 탓에 넓고 큰 새집이 싫을 때도 있었다.

새 여자가 들어오지 않았더라면 우리 상처는 조금 덜할 수도 있었을 거다. 차라리 무관심하게 남들처럼 대하는 게 나았다. 새 여자가 데리고 온 아이들보다도 더 못한 대접을 받는 건, 우리 앞에서 그 아이들을 챙겨주고 있는 것을 보는 건 잔인한 고통이었다. 호통치고 때리고 하는 폭력적인 아버지로도 충분히 우리를 주눅 들게 했는데 거기에다 가슴속에 깊은 상처까지 남기셨다. 자존감이 다 짓밟힌 채 눈치만 보고 서럽게만 살았다. 지금 돌이켜봐도 너무 가슴 아픈 일이다.

특히 어머님 고생이 심하셨다. 어머님께서는 머리도 좋으시고 대장부 같은 분이신데, 평생 남편 하나 잘못 만나서 이유 없이 구타와 욕설을 받으며 살아오셨다. 지옥 속에서 수모와 수치를 견디며 참고 사신 건 모두 다 우리 오남매를 지키기 위해서다. 이도 없이 잇몸으로 오물오물 음식을 씹어 식사하시던 모습과 고생고생하시다가 호강 한번, 제대로 못 하시고 돌아가신 어머님을 생각하면 애처롭고 처량해 눈물이 앞을 가린다. 유년 집에 대한 기억을 떠올려보면 부뚜막에서 쭈그려 일하시던 어머님이 떠오른다.

혼인하고 나서 보금자리를 꾸리고 살았던 때를 떠올려보면 애들 어렸을 때 네 식구가 바쁜 가운데 같이 시간을 보내던 시절이 생각난다. 애들이 어렸을 때, 아내가 출근할 때면 학교에 못 가게 옷을 잡고 떨어지지 않으려고 울어대곤 했는데, 그러한 애들을 뿌리치고 눈물 흘리며 출근하던 아내의 모습을 생각하면 지금도 마음 아프고 시리기만 하다. 부부 교사로 살면서 쌍둥이 아들 둘을 키우는 것은 겪어보지 않은 사람은 모를 거다. 집에 오면 아내는 전투를 치르듯이 정신없이 이곳저곳을 다니며 아이들을 챙기고 분주히 집안일을 하고 있었다. 그때 제대로 도와주지 못한 것이 참으로 미안하고 죄스럽다. 말하자면 나는 두 여인에게 아주 큰 빚이 있는 거다. 어머니에게 호강 한번 해드리지 못한 게 한스럽고, 아내에게 고생만 시킨 것 같아 미안한 것이다. 앞으로 아내에게 잘해주고 속 썩이지 않으리라 생각하며 살고 있는데 아내는 어떤 마음인지 모를 일이다.

자이당에 이사 온 후 총 7번의 수술과 두 번의 시술을 받았다. 병원에서 투병 생활 중 침대에 누워 있으면서 얼른 퇴원해 목발을 짚고 혼자 화장실만 다녀도 천국 같겠다고 생각했다. 앞으로 사는 인생은 덤으로 사는 삶일 테니 겸허히 살자고도 마음먹었다. 그리고 2017년 여름에 우리 부부는 공주에 있는 '커피 공주'에서 바리스타 연수를 받아 2급 바리스타 자격을 취득했다.

또 가을에는 집 앞마당에서 혼인 40주년 행사를 치르기도 했다. 향토 연구가이자 전례 지도사로서 옛 행사를 정통으로 복원해보자는 생각이 들어서였다. 성균관 대학교에서 혼인식으로 석사학위를 받은 한국 전례문화원 원장 권진희주 선생에게 부탁하여 전통 의례에 근거하여 행사를 치렀다. 백여 명 가까운 지인들을 모시고 치뤄낸 이 자리에는 충남향토연구회 이해준 회장과 고령의 김영한 선생 등 여러 회원들과 비래동, 전민동에서 가까이 지내던 이웃들, 또, 향토문화연구회 백남우 해설사 등을 초빙하였다. 제자로는 대전여고 졸업생 김채운 시인과 충남여고 졸업생인 이교은이 부모님과 함께 참석했고, 또한 커피 바리스타 교육을 통해 2급 커피 바리스타 자격증을 따게 해준 김갑성 사장 등 많은 지인이 축하해 주러 귀한 걸음 해주었고, 그 덕분에 행사는 성황리에 잘 끝났다. 손님에게 대접할 음식 준비는 아내와 함께 노은동성당 성모회에서 대전교구 60주년 행사와 성당 봉헌 행사를 같이 손발 맞춰 일했던 이춘숙 마리아와 오정애 바울라, 박진숙 모니카, 서영숙 글라라와 함께 아내의 제자인 원복순, 유옥희, 박성숙이 수고해 주었고, 처남과 쌍둥이 아들들이 주차 정리 등 소소한 일 처리를 해주었다. 길게는 60년, 짧게는 1년 남짓한 지인과 벗 등 실로 많은 분이 와주시고, 또 많은 분이 도와주신 의미 있는 자리였다.

특히 80년대 후반 대전여자고등학교에서 근무할 때 열심히 시를 쓰며 수시로 쓴 시를 보여주었던 김채운 학생은 시인이 되어 우리를 위해 직접 시를 써 오기도 하였다.

금슬상화琴瑟相和

— 송성빈 · 진순이 내외분의 벽옥혼식을 축하하며

자이당 뜨락을 채운
결 고운 가을바람이 한 섬입니다
빛 고운 가을햇볕도 한 섬입니다
가을꽃 향기 그윽하고 푸짐한데
그 꽃보다 더 귀한 인연들
여기 이렇게 우연인 듯 필연으로 모였습니다

지난 세월은 지난한 시절이어도
기쁨은 기쁨대로
슬픔은 슬픔대로
아픔도 아픔 그대로의 모습으로
묵묵히 다정하게 서로의 결 내주었으리니
내 목숨 내 몸처럼 아끼고 보듬어 주었으리니

일만 사천사백 번의 하루를 지나
삼십사만 오천육백의 시간을 건너
초례청에 마주 선 두 사람
처음 만난 그날처럼

늠름한 신랑이요, 수줍은 신부입니다
참으로 고마운 그대, 아름다운 당신입니다

오롯이 서로를 향한 사랑
비파와 거문고 되어 빚어내는 소리
그 고운 선율 이어지고 어우러져
은하수 너머 우주 끝까지 번져나가기를
천상별밭에서 가장 영롱하게 빛나기를
두터운 믿음과 정성으로 지켜온 부부의 인연을
축복합니다. 우리의 온 마음 모두어 축복합니다

또, 그때를 떠올리니 김영한 선생님이 생각난다. 긴 시간 향토 연구를 해오신 98세의 춘강 김영한 선생님께서 돌아가시기 3개월 전 벽옥혼식을 축하하기 위해 우리 집에 오신 것이 공식 행사 참석의 마지막 모습이었다, 이후 공식 석상에 나오지 못하고 병원에 입원했다는 소식이 들렸다. 선생께서는 병원에서도 부지런히 책을 보시며 글을 쓰고 계셔서 곧 퇴원하시겠다고 생각했는데, 갑자기 2018년 2월 3일 고종명[考終命]하시었다. 내게는 너무나 귀한 인연이었고 많은 것을 일러준 스승이었기에 오랫동안 마음이 허전했다.

그 모든 아픔과 기쁨들을 보내고 난 지금, 비로소 평온을 찾은 것 같다. 지금이야말로 내 인생의 황금기를 맞이한 기분이다. 이곳 자이당에서 아내와 1시간 이상 천천히 식사하면서 드라마 내용과 책을 읽은 감상을 서로 얘기하고 가정사 및 여러 사회 문제를 얘기하면서 보내는 최근 10여 년의 생활이 참 좋다. 천국이 있다면 이것이 아닐까? 지금 내 꿈은 그저 오늘 행복하고 즐겁게 하루하루를 지내는 것이다. 그리고 그렇게 평범한 일상을 보내다가 갑자기 집에서 졸하는 것이다.

교직생활을 마무리하며

1977년 대전체육중고등학교에 강사로 들어간 것을 시작으로 그 이듬해 태안군 원북에 있는 원이중학교에 첫 발령을 받았다. 그리고 대전고와 대전여고, 동대전고 등을 거치면서 2014년 유성생명과학고를 끝으로 퇴임하게 되었다. 교직 생활이 처음부터 맘에 마음에 드는 것은 아니었으나 시간이 흐르면서 그야말로 하늘이 준 좋은 직업이라는 것을 느꼈다. 지금 인기 있는 대부분 직업, 특히 판 · 검 · 변호사, 의사 등이 많은 돈을 벌고 안정된 삶을 누리지만, 그들은 대부분 육체적으로든 정신적으로든 깊이 병든 사람들과 마주치는 직업이다. 상업이나 대기업은 고객관리를 위해 얼마나 많은 사람과 시달려야 하는가? 그러나 교사는 세속의 때가 묻지 않은 어린 학생들과 미래의 희망을 얘기하고 상대하니 얼마나 좋은가? 마음 편히 열심히 탐구하면서 학생들과 같이 희망을 얘기하는 즐거움은 이루 말할 수 없다. 하지만 지금의 학교 현실을 보면 내가 참 좋은 시절을 보냈구나 싶다. 그때와 지금의 교권은 하늘과 땅 차이이다. 아마 내가 지금 예전처럼 아이들을 지도했다면 나는 학부모에게 매번 고발당하는 교사였을 거다.

37년간의 교직 생활을 마감하고 유성생명과학고등학교를 떠나던 날 여러 감정이 교차되었다. 그중에는 학교의 모든 일을 내려놓고 자연인으로 새 출발한다는 설렘도 있었으나 내일부터 어떻게 시간을 보내야 하나 걱정스러운 막막함도 있었다. 교사로 지낸 그 오랜 기간 동안 학생들에게 상처를 주거나 아픔을 준 것들은 없는지, 동료들에게 잘못을 저지르지 않았는지, 그간의 기억을 떠올리게도 됐다. 하지만 감사함이 더 컸다. 내가 만났던 학생들과 동료 교사들 모두가 고맙게 느껴졌다. 그들 덕분에 무사히 정년을 맞게 되었음이 너무나 감사했다. 또, 첫 부임지에서의 기억도 떠올랐다.

맨 처음 대전체육중고등학교 강사로 교단에 섰을 때 입시에 부담이 없어 내 나름대로 끼를 발휘하여 자유스럽게 활기찬 수업을 할 수 있었다. 그 뒤 순위고사 합격 후 정식으로 태안군 원북면 원이중학교에 발령을 받았는데 첫 수업시간은 왠지 모르게 떨려 어떻게 지나갔는지 모른다. 내 소개를 하고 국사에 대한 개론과 왜 배워야 하나를 이야기한 것 같은데 숫기없는 내가 학생들의 호기심 어린 눈길을 받느라 떨리고 긴장한 상태로 생각나는 대로 마구 떠들었던 것 같다. 그렇게 새내기 교사 생활을 시작했다.

막연한 두려움과 떨림은 시간이 지나면서 해결되었다. 그리고 학교생활이 익숙해 지면서 점차 어떻게 학생들을 지도해야 하나, 고민으로 이어졌다. 내가 학생들에게 전하고픈 것은 학교가 즐겁다는 것을 보여주는 것이었다. 조회 종례 시간에 박수를 치거나 각자에게 어울리는 별명을 지어주거나 하는 소소한 재미들을 궁리했다. 어떻게 하면 학교 생활이 지루하지 않고 재미있을 수 있을까. 그것이 내가 교직에 몸 담으면서 내내 고민한 것들이다. 교사와 학생의 일체감 속에 신나는 교실을 만들어 보고 싶어서 나부터 행동으로 보여주려고 노력해왔다. 약속과 시간을 잘 지켰고 아이들에게 좀 더 새로운 것을 전하고 싶어서 궁리하며 여러 시도들을 해왔다. 그중 몇 가지가 기억에 남는다.

제일 먼저 생각나는 것이 시 외우기다. 나는 수업 시간에 재미있는 역사적 인물에 관한 이야기나 설화, 역사적 사건에 관한 뒷이야기를 자주 들려주었다. 암기식으로 연도만 외우는 역사가 아니라 그 당시로 돌아가 가슴 깊이 느낄 수 있도록 인물들의 숨겨진 이야기들을 소개했다. 또, 정서 함양에는 문학을 접하게 하는 것이 좋을 것 같아 시를 소개했다. 그때 소개한 것이 박인환의「세월이 가면」과「목마와 숙녀」였다. 그렇게 소개한 시를 외우게 하고 중간고사와 기말고사 시험에서 이 두 시를 하나씩 외워 쓰게 했다. 배점은 100점 만점에 20점이었는데 말하자면 이것은 기본점수였다. 학생들은 잘 외우기 때문에 다른 문제는 틀려도 시는 다 썼다. 그때만 해도 교사에게 자율권이 있어서 가능했는데 지금 같아선 상상도 못할 일이다. 가끔 학창시절을 회고하면서 "시험을 보기 위해 시를 외웠는데, 학생 때 외워서 그런지 지금도 생각난다."는 제자들을 만나곤 한다. 그러면서 시를 몇 소절 읊는데 그 모습을 보면 무척 보람 있다.

마지막 부임지였던 유성생명과학고등학교는 결손가정 아이들이 많았다. 정서가 불안한 학생들도 많았기 때문에 시를 읊어 주면서 학생들을 포용하고 인정해 주려고 노력하였다. 많은 시들을 들려주었는데 특히 나태주 시인의 「풀꽃」을 좋아했다. 학생들을 마주칠 때 내가 "자세히 보아야 예쁘다. 오래 보아야 사랑스럽다" 하면 학생들이 "너도 그렇다" 하면서 "선생님도 자세히 보아야 예쁘다"로 화답하곤 했다. 충남여고에서도 그렇게 했는데 나와 마주치면 이 시를 주고 받으면서 서로 인사를 나누었다.

아내가 아산의 충무교육원에서 여교사 연수를 하는데, 어느 초등학교 젊은 여선생이 자신이 학교 다닐 때 초임 교사로 부임하신 이상한 국사 선생님이 계셨다며 중간 기말시험에 시를 외워서 쓰는 문제를 냈다는데, 그 덕분에 지금도 「목마와 숙녀」와 「세월이 가면」 시를 외우고 있다고 말했단다. 아내가 가만히 듣다 보니 그 국사 선생이 바로 나란걸 알게 되었다고 한다. 그러고보면 내가 좀 괴짜 기질이 있는 것도 같다.

또 기억나는 것 하나는 나만의 상벌이다. 잘한 것은 과하게 칭찬했고 잘못하면 바닥에 엎드려 큰절을 하게 했다. 누에는 뽕잎을 먹고 살 듯이 자라는 학생은 칭찬을 먹고 산다는 말이 있다. 학생이 공부하지 않을 때나 행동의 변화가 오지 않을 때 야

단보다는 오히려 칭찬해줌으로써 교정을 해주었다. 책을 앞에 펴놓고 멍하니 앞을 보고 있는 학생들에게

"야! 너 진짜 열심히 공부하고 있구나. 요즘 고될 텐데 그래도 열심히 공부하는 걸 보면 네 심성은 천사다." 라고 하면 머쓱해 하면서도 싫지 않은지 바로 공부에 집중하는 것을 보곤 했다. 공부 시간과 행동이 양에 차지 않더라도 격려해주면 변화할 수 있다는 걸 믿었기에 학생들에게 의도적으로 칭찬을 해준 결과 학급 분위기가 많이 쇄신되었다. 벌을 줄 때는 때리거나 혼내는 게 아니라 절을 하게 했다. 대전여고, 충남고, 대전고, 충남여고에 근무할 때, 내 수업시간에 지적당하면 벌칙은 절하는 것으로 대체한 적이 많이 있었다. 당시 남학생들은 나를 시내에서 만나도 큰절을 할 정도였다. 충남고에 있을 때 고등학교 때 친한 친구 아들이 우리 반이었다. 그 친구 집에 가면 아들이 문 앞에서 만나도 절을 하는 진풍경을 연출했다. 이 역시 나의 광기가 아니었나 싶지만 학생들은 새로운 일이라 그런지 즐거워했고, 비록 벌이었지만 어른을 만나면 절을 해야 한다는 것을 인식시켜 주었기 때문에 교육적 효과는 있었으리라 본다.

마지막으로 파라미타 활동이 기억에 남는다. 교직 생활에서 가장 주력했던 활동인 준거집단은 학생들의 특별 활동이었다. 우리나라 문화재의 대부분이 불교문화 유적이기에 파라미타 문화유적답사반을 조직하였다. 운영은 특별 활동 시간에는 우리 지역 향토 문화 유적에 대한 소개, 1년에 두어 차례 주말을 이용해 원근 불교문화 유적 답사를 통해 문화재 보는 법 등을 알려

주고, 1년에 한번 있는 학교 축제에는 전통문화 예절을 교육하고 시연하였다. 문화유산을 통하여 선조들의 정신을 계승하고 역사의식을 깨우치게 하는 것이 목표였다. 문화재는 아는 만큼 보인다는 말이 있다. 문화유산 답사는 우리의 정체성을 찾는 노력이며 눈으로 보고 가슴으로 느끼며 발로 확인하는 생생한 문화 경험이므로 문화재에 대한 지식과 함께 주변정화 활동을 진행했다. 대전고에서는 파라미타가를 작사하여 모든 활동을 시작할 때는 파라미타가를 부르기도 했다. 또, 서로 만나면 악수하기, 학교신문과 교지에 파라미타 활동 투고하기 등 다양한 활동을 펼쳤는데 대전고와 충남여고, 유성고에 근무했을 때 준거집단 활동으로 가장 활발하게 운영하였다. 이 시기에는 두루마기까지 갖춘 전통한복을 사계절 내내 입고 다닐 정도로 전통예절에 빠진 시기이기도 하다.

뜻한 바 있어 이런저런 노력을 했다고는 해도 학생들이 따라주지 않으면 아무것도 아닌데 감사하게도 내 의도를 알고 잘 따라와 준 기특한 제자들 덕분에 학교생활을 보람 있게 할 수 있었다. 그리고 아직도 기억에 남는 몇 명의 제자들이 있다. 먼저 가장 오래 연락을 주고받는 김혜경(필명 김채운) 시인이다. 대전여고 졸업생으로 대학생때부터 혼인 후에도 남편과 함께 찾아오는 등 30여 년 동안 변함없이 안부를 전하고 있다. 학창시절부터 열심히 시를 써서 시인으로 활동하고 있으며, 아이들을 키우면서도 공부를 계속해서 박사학위를 받은, 의지가 굳은 제자이다. 현재 대학에서 강의하고 있다. 세브란스병원에 입원했을 때 박사학위를 받았다는 소식을 전해 듣고는 한없이 기뻤고 그 덕분에 병세가 호전되기도 했다. 항상 겸손하고 다정다감한 평소 모습과는 달리 시에서는 이 시대의 막강 권력과 맞서 투쟁하는 소외된 현장의 목소리를 생생하게 담고 있었다. 자랑스럽기 그지없는 제자이다.

또, 대전고 졸업생 정동훈 교수는 나의 전공인 역사분야에서 두각을 나타내기에 기대되고 응원해주고픈 제자이다. 서울대학교 국사학과에 입학하여 동 대학원에서 고려시대사를 전공, 2016년 서울대학교 대학원에서 고려가 중국왕조들과의 외교에서 주고받은 외교문서를 분석 정리한 『고려시대 외교문서 연구』로 박사학위를 받고, 현재 서울교육대학교에서 교수로 재직하고 있다. 학창시절부터 영특하고 지도력이 있는 학생이었는데 앞으로도 열심히 연구해서 이름을 드날리는 교수가 되기를 바라마지 않는다.

마지막으로 내가 열심히 지도했던 충남여고 파라미타 반의 리더 이교은 학생이다. 항상 행사 준비를 철저히 하고, 혼례 시연 때는 집례를 잘 수행하고, 풍류 다례 시연 시 시연에 필요한 원고 작성을 재미있게 하여 학생들의 관심을 끌었다. 창의성이 돋보이고 파라미타 반을 잘 이끌어 기억에 남는다. 졸업 후에도 계속 소통하고 있는데 고려대학교 전기공학과를 졸업하고 수원에 있는 삼성전기에 근무하고 있다. 고맙고 든든한 제자였다.

이런저런 일들도 겪고 많은 학생들을 지도하고 그러면서 교직생활을 보냈다. 항상 몸가짐을 조심하고 말을 조심한다고 하며 살았는데도 실수도 많이 했고 의도치 않게 학부모나 학생들을 힘들게 한 적도 있다. 돌아보면 부족하고 모자란 것들만 생각난다. 다들 정년에는 몸 조심하라고, 잘못하다가는 근 40년의 인생이 한순간에 망가질 수 있다고 충고해주기에 생명과학고 3년은 매사 조심하면서 보냈다. 보이지 않는 곳에서 언제 터질지 모르는 사건에 휘말려 오점을 남길 수도 있으므로 학생들과 뜬소문에 휘말리지 않도록 처신했고, 동료 교사와 갈등을 일으킬 수 있는 문제를 최소한 피했다. 그야말로 살얼음 걷듯이 조심조심 생활했다. 그리고 무사히 정년을 맞았다.

1977년 대전체육고등학교 강사로 시작해서, 1년 뒤 대전시 교육청의 초임 발령으로 태안군 원이중학교, 이후 태안고등학교, 대전여자고등학교, 동대전고등학교, 충남고등학교, 대전고등학교, 충남여자고등학교, 유성고등학교, 마지막으로 유성생명과학고등학교에서 2014년 2월 28일 정년 퇴임함으로써 37년간의 교직 생활을 마감하였다. 그 시간들이 손에 잡힐 듯 생생하다.

"여러분들이 가는 곳마다 손길이 닿는 곳마다 생명이 다시 살아날 것을 희망한다. 생명을 살리고 대장부 같은 삶을 이루어내기를 희망하며 여러분들의 큰 꿈이 이루어지기를 바란다."

교사로서의 마지막 수업시간에 전해준 말이다. 그리고 지금 나에게 들려주고 싶은 말이기도 하다.

지난 인생을 되돌아보니

어렸을 때 우리 동네에 큰 산소로 지평공, 청풍공, 잠부공 산소가 있는데, 세일사 철이면 제사를 지내러 문중 어른들이 많이 들렀다. 그분들이 축 읽고 집례 등 의식을 치르는데 그 모습들이 어린 내가 보기에 무척이나 신기하고 멋있었다. '나도 크면 저렇게 활동할 수 있을까?' 막연한 동경을 가지며 자연스레 문중이라던가 조상, 의례 같은 것들에 관심을 가지게 된 것 같다. 지금 내가 하는 문중 일이 어렸을 때 보았던 그 상황에 접근해 있어서 어찌 보면 나는 어릴 적 꿈을 이룬 성공한 사람이다. 얼마 전까지 서원에서 집례와 독축 읽는 일에 참여해보고 그 외 문중 문헌 정리까지 하게 되었으니 말이다.

나는 이제 인생의 막바지를 향해 가고 있다. 한 살 더 먹을수록 내 몸의 한계를 느끼게 되어 내 몸이지만 점점 내 마음대로 되지 않는다. 지금 나는 종합병원이다. 안 아픈 데가 없다. 건강이 많이 안 좋아 병원에 정기적으로 한 달에 두어 번 간다. 얼마 전에는 식사하다가 혀를 씹었는데 피가 멈추지 않아 병원에 가서 한참 치료받은 적도 있다. 하다 하다 이제는 제 살까지 씹어 먹는 노인네가 됐다.

하지만 아버지처럼 누워서 대소변을 받게 하며 목숨을 부지하고 싶지는 않다, 죽을 때까지 인간의 존엄성은 그대로 유지하고 싶기에 건강을 위해 애쓰고 있다. 규칙적인 생활을 하려 노력하고 매일 뒤에 있는 산에 올라 두어 시간 걸으면서 시를 외우고 있다. 외부 모임에는 거의 참여하지 않는다. 참여하려 노력하는 모임은 내가 좋아하는 '향토문화연구회', '세종마루시낭독회', 종중의 '종보편집회의'인데 걸을 수 있고, 건강이 허락하면 죽는 날까지 가능하면 참여할 것이다.

그리고 지금 나는 지난 삶을 정리하는 작업을 하고 있다. 언젠가 공주대학교 지수걸 교수님께서 조선왕조에서 한 축을 담당했던 은진송씨의 변화 모습을 기록해 두는 것도 의미가 있으니 한번 해보라고 권유한 적이 있다. 내 삶의 기록을 통해 우리 집의 무너지는 흥망성쇠를 정리해 놓으면 일반 사대부가의 변화도 유추해 볼 수 있지 않을까 생각되었기에 작업을 시작하게 되었다. 또한 50년대 한국전쟁 이후 광기의 영향으로 우리 사회가 폭력으로 점철되며, 변화하는 사회상과 교육계 민낯의 모습도 잘 드러나 있지 않나 생각한다.

나는 항상 건강하다고 생각했다. 그러나 이 기록을 정리하다 보니 어려서부터 수시로 병을 앓는 병주거리로 지금까지 지내왔다. 고생을 많이 했다. 어려서는 몸이 약해 어디가 아팠던가는 기억이 없지만, 동네 어르신한테 침 맞으러 자주 다닌 기억이 있다. 세 살 때는 홍역으로 죽을 뻔했다고 들었다. 초등학교 중학교 때는 수시로 옻이 올라 고생했고, 중학교 2학년 때는 근 한 학기 학교에 못 간 적이 있을 정도로 심하게 앓았다. 충남고등학교에 근무하던 1997년경부터 과도한 운동과 산행으로 무릎 관절에 문제가 생겨 치료했으나 통증이 사라지면 또 무리하게 운동하고 잦은 음주 등으로 재발하여 고생을 많이 했다. 이후 수시로 정형외과를 다니기 시작하여 이후 1년에 두세 번 깁스할 정도로 자주 아팠다. 결정적으로 퇴임하던 해 2014년 7월 5일 갑자기 통증을 느끼기 시작하여 유성 선병원에 긴급 입원해 치료받았으나 퇴원할 즈음 갑자기 패혈성 관절염으로 퍼져 다리를 절단할 정도였다. 신촌 세브란스병원으로 긴급 이송하여 치료받기 시작하여 1년 반 동안 고생했다. 그 지루함과 언제 퇴원이 되나 하는 쓸데없는 걱정과 하루하루 무사하게 지나가면 오늘 하루도 또 살았구나? 하며 살았다.

긴 병원 생활에서 인생에 대해 다시 생각해보는 계기가 되었고, 가장 평범하게 생활하던 때가 가장 비범하게 생활하는 것이라 깨달았다. 수행은 평상시의 생활을 변함없이 반복하는 것이다,라는 것을 느꼈으며, 내 병의 요인과 내가 행하는 모든 사항은 과유불급, 모든 것이 너무 정도가 지나친 것이 문제였다는 것도 알았다. 병원에 있을 때 이제까지 지내온 생활을 돌아보는 계기가 되었다.

세종으로 이사 와서 이곳에 정착하려면, 이 지역에서도 활동하면서 교류할 단체가 필요하던 차, 이은봉 대전문학관장의 추천으로 2020년경 '세종마루시낭독회'에 나가기 시작했다. '세종마루시낭독회'는 시인들의 단체기 때문에 내가 들어갈 명분이 없다. 시를 잘 알지도 못하여 대화조차 할 수 없는 처지라 대전문학관장의 추천에 신중하게 생각하고 입회하지 않고 옵서버로 참석만 했다. 이은봉 문학관장이 세종시가 탄생한 지 얼마 되지 않아 역사가 없는 도시이기에, 이곳과 연관이 있는 역사 기록과 인물을 정리하는 것이 중요하고 필요하다면서 나에게 이곳의 역사를 아는 대로 체계적으로 정리하는 의미 있는 작업을 하면서 관련된 글을 써보라고 권유하기에 활동하게 되었다.

또한 대전에서의 활동도 여전히 하고 있다. 예전엔 회원으로 원로 회원으로부터 말씀을 듣고, 그분들의 얘기를 통해서 많이 배우고 의문점을 해결했다. 대전에 있는 분들이 대부분이었지만 대전 한 지역만 가지고 연구가 될 수 없지 않은가? 대전은 충청남도의 수부로서 충남 전 지역과 연관이 되었기에 충남의 지역까지 관심사고 연구 대상이었다. 교직 생활을 하면서 퇴근 후 충남향토연구회 사무실에 들러 실로 많은 시간을 보내며 역사뿐만 아니라 인생의 지혜를 얻었다. 그리고 그렇게 선배들로부터 배우고 들은 얘기를 대전의 역사를 공부하고 알리는 후배들인 '대전향토문화연구회' 회원들에게 전해주려고 하고 있다. 앞으로 그런 기회가 오면 전해줄 것이다. 그들이 필요하면 듣고 필요 없으면 안 들어도 되니 얼마나 편한가? 나만 알고 있으면 무엇하

나. 선인들은 부단히 그러한 얘기들을 듣고 기록해서 전하지 않았는가?

이제 내가 원로의 입장이 되어 알고 있거나 경험한 것들을 후배들에게 전하는 역할을 하고 있지만 여전히 나는 사람들을 만나며 많은 것들을 배우고 있다. 요즘은 특히 고향 후배이자 '대전향토문화연구회' 활동을 같이하는 서정석 공주대 교수에게 큰 도움을 받고 있다. 대학 강단에 서는 사람이지만 언제나 겸손하고 사람 좋은 그는 시간이 되어 '대전향토문화연구회'에 참여할 때면 꼭 세종 우리 집에 나를 태우러 오는데, 그때마다 내가 좋아하는 참외나 수박 등을 사가지고 오는 따뜻한 사람이다. 그리고 중앙로에 있는 모임 장소까지 데려다준다. 교수라는 권위 의식을 조금도 찾아볼 수 없는 그가 회원들과 격의 없이 어울리며 유쾌한 농담을 주고받는 것을 보면 참으로 많은 것들을 느끼게 된다.

우리 회원들이 경제적인 어려운 여건에서도 끈기 있게 지속적으로 열심히 활동하여 여러 분야의 전문가가 된 분들이 많다. 얼마나 대견한가? 오히려 내가 배우는 것이 많다. 역사적으로 문학가라든가 예술가들을 비롯한 연구자들은 경제적으로 어렵다. 더구나 우리 회원들은 가정에서 가장 돈이 많이 필요한 5,60대 회원들이 대부분이다. 어려운 여건에서 눈물겹도록 활동하는 모습이 얼마나 아름다운가? 해서 작년 대전향토문화연구회 첫 창간호에 얼마간의 성금을 보태 주었는데 그것에 고마움을 금치 못하는 후배들을 보며 오히려 내가 더 고마웠다. 이탈리아

르네상스시대 메디치 가문, 영국에 셰익스피어 재단 등 우리나라에서는 아전으로서 판소리 창자들을 후원하면서 가단歌壇을 이끌었던 판소리 지도자였으며, 판소리 발전과 보급에 큰 영향을 끼친 신재효, 얼마나 훌륭한가? 또한 광대들이 마을을 돌아다니면서 민중들의 애환을 풀어주는 활동을 지원한 분들 역시 그 지역의 유력자들이 아니겠나? 내 나름대로 여유가 되면 후배들이 활동을 잘하도록, 일이 잘 풀리도록 도와주는 것도, 그 분야 선배의 향토문화연구회 활동이라고 보면 된다.

살면서 잘한 게 무엇이냐고 묻는다면 순간의 망설임도 없이 아내를 만난 것을 꼽을 것이다. 아내는 내 인생의 등불이다. 늘 든든한 지원군인 그녀는 나의 막막한 앞길을 환히 불 밝혀 주었다. 아내는 모든 사람을 성장시키는 재주를 갖고 있다. 나 역시 혼인하고 모든 면에서 많은 변화를 가져왔다. 한없이 나약한 나를 여러모로 성장시켰다. 손님 접대라든지, 집안의 모든 일을 거침없이 해냈다. 또, 형이 아버지를 모시지 못하게 되었을 때, 아내는 쾌히 우리 집으로 오시게 하여 10년 동안 모시며 그중 7년 동안 대소변을 받아냈다. 제사도 극진히 모셨다. 내 생일이나 아버지 생신 때는 우리 부부가 직장생활 때문에 앞당겨 일요일에 주로 행사했는데, 집안의 연장자인 아버지께서 꼭 참석하셨다. 학교 출근하면서 어떻게 준비하는지 아침상에는 신선로라든지 구절판 같은 격식 있는 상을 차려주어 숙부님이나 종형님과 조원칠 고종형님이 맛있게 식사하셨다. 아버지께서는 점심 국수까지 꼭 챙겨 드셨다.

가족과 친지 외에도 테니스 회원과 친목회 학년 모임, 심지어는 제자들까지 대접하는 등 우리 집에 많은 분이 다녀감으로써, 가슴 깊이 박혀있던 유년의 아픔을 해결해 주었다. 어렸을 때 아버지 때문에 항시 불안에 떨며 살았던 어머니는 아무런 권한이 없었다. 당연히 음식이나 모든 여건이 손님을 맞이할 형편이 아니었다. 집에 손님이 찾아온 적이 없어서 손님 오는 집이 부러웠다. 내가 평소 하고 싶었던 소망이 집에 손님을 초대해서 같이 즐기고 싶었는데, 아내가 그런 일을 거뜬히 해내었다. 혼인 초에는 집에 손님이 오면 그렇게 해본 경험이 없어 괜히 내가 불안하고 어색해 몸 둘 바를 몰랐다. 그러면 아내가 걱정 말라며 모든 것을 다 해내었고, 우리 집을 방문한 친척이나 직장 동료 손님들은 하나같이 아내의 정성스러운 대접에 과분한 대접 받고 간다고 화답했다.

다음 잘한 일로는 교원대학교 대학원 입학을 손꼽고 싶다. 내 삶의 큰 전환점이 되었고, 어떤 분야의 전문가로서 살아가도록 노력하는 계기가 되었다. 지금도 열심히 그 길을 가고 있는 중이고 앞으로도 문중사와 향토사를 부지런히 탐구하여 그 분야의 전문가가 되고 싶다.

다음으로 운동신경 없는 내가 테니스를 배웠다는 것을 스스로 칭찬하고 싶다. 내가 생각하기에도 신기하고 경이로운 일이다. 보수적이고 외부인들과 소통할 일이 없는 교사지만 테니스 운동을 함으로써 여러 분야 일반 직장인들과의 교류로 학부모나 학교를 보는 일반인들의 시선을 체크할 수 있었다. 학교 생활하는 데 도움을 많이 주었고, 내 의식을 많이 바꿔주었다.

또, 문중 일을 열심히 한 것을 꼽고 싶다. 2016년 7월 12일 대종중 송치구 총무 유사로부터 『은진송씨종보』 편집위원으로 위촉되었으니 협조하고 허락해달라고 부탁하여 최선의 노력을 다했다. 또, 9월부터 은진송씨 문헌을 정리하며 기고했고, 일반인들에게 문중의 자료를 체계적으로 볼 수 있도록 2020년부터 은진송씨 대종회 홈페이지 작업을 시작하여 2년 뒤인 2022년 1월 디지털 작업을 완료하였다. 이 기간에 『은진송씨 할머니들 이야기』와 『은진송씨 대종중 사적』을 정리하여 일단락지은 것을 보람으로 생각한다. 대종회의 문헌은 일단 정리되었다. 그리고 지금까지 살아온 내 생활을 반성하고 살펴보기 위해 내 생애를 정리하는 책과 발표했던 글을 모아 출간 준비를 하고 있다.

앞으로 꿈이 있다면 다양한 취미활동과 문화생활을 즐기며, 내가 좋아하는 분야의 전문가들과 만나 이야기를 들으며 여유로운 생활을 하고 싶다. 외국어와 한학을 꾸준히 하지 않은 것이 후회되는데 지금이라도 한문 공부를 계속해서 선대의 문집을 자유롭게 읽었으면 좋겠다. 그리고 양 선정을 본받고 싶다. 우암을 닮아 부지런히 시를 외울 것이며, 동춘당으로부터는 화합하는 것을 배워 사람과 교류하며 인적 네트워크로 도움이 필요한 사람들에게 인연들을 연결해주고 싶다.

다시 과거로 돌아간다면 나는 자유로이 음악감상을 하며 재미있는 영화도 보고 풍부한 문화생활을 하리라. 그리고 친구들과의 싸움에서 얻어터져도 보고 아리따운 아가씨를 흠모하다 실연당해 눈물도 흘려보리라. 이 모든 아쉬움은 청년 시절의 기억에 남을 만한 추억이 없다는 것에서 기인한 것이다. 소심한 마음에 가문의 무게까지 더해져 행동에 많은 제약을 받으며 지낸 탓이다.

하지만 지금부터라도 아름다운 추억 하나 만들고 싶다. 그건 아마도 글과 역사 속에서 만날 수 있을 것 같다. 연구하고 고민하며 찾아간 기나긴 여정 뒤에 선조들의 숨결을 만나게 된다면 그게 제일 즐거운 일이 될 것 같다. 선조들의 시를 읊으며 그 행복한 순간을 기다리고 있다.

부록

사진으로 보는 삶

송성빈 연보

사진으로 보는 삶

아버지 송택순
(1916.1.14.~2005.8.14.)

어머니 서숙경
(1913.3.27~1987.1.8.)

큰누님 혼인 대전극장 앞 제일예식장에서(1957.4.15.)

고향 줄미 위친계원과 함께
아래 오른쪽 고인이 된 김병권과 위 왼쪽에 배석은(1972년)

군 복무시절 신현기 병장과 한때(1974년)

대학시절 백양사 계곡에서(1970년)

대전체육고등학교 근무 시
하계 해양훈련(1977년)

원이중 근무 시 추계소풍 당시
학생들과 함께 즐거운 시간을(1978년)

처가댁을 방문한 아버지와 죽
천 종형과 여수 오동도에서
(1978년 겨울 혼인 전)

유성 숫골 야영장에서
보이스카우트 지도자
연수 시(1979년)

가을 학암포 해수욕장에서(1979년)

정기돈 교수님 주례로 혼인식(1979.10.14.)

신혼여행 당시 부산 해운대 호텔 앞 해수욕장에서(1979년)

동학사의 겨울 아들 용선, 용재 형제(1983년)

남해 상주해수욕장에서 가족과 함께(1983년)

제10회 향토문화 대상 수상식 참가,
이해준 김영한 선생이 보인다.(1994년)

존경하는 스승
호불 정영호 선생과
대마도에서
(1997년)

중국 · 일본 학술 시찰시
백두산 천지에서
(1995년)

테니스 월례회를 마치고
(1998년)

대전고등학교 근무 시
성년식 시연(2001년)

대전고 파라미타 반과 함께 갑사답사(2000년)

고향 친구 상암 나병욱과
함께 한 산행(1995년)

퇴계선생 종택(추월한수정)
에서 이동은 퇴계 종손과 함께
(2005년)

충남여고 청운제에서
풍류 다례를 시연하다.
(2006년)

원주 법천사지 답사
〈전국역사교사모임〉
(2006년)

안동 도산서원 충남여고 수학여행(2005년)

원이중 7회 졸업생들과 추억의 제주도 수학여행
한라산에서(2006년)

지리산 격동의 역사 흔적을 찾아서 대전 한겨레 역사 기행 (2003년)

은진송씨 목사공 종중 선적지 순례(2023년)

「혼인 40주년 취옥혼식」 행사 – 자이당에서(2017.10.21.)

파리 미라보다리에서 (2019년)

프랑스 시인
기욤아폴리네르 묘소
(페흐라세즈묘역)
(2019년)

송성빈 연보(年譜)

1. 약력

- 1950.12.14. (양력 1951.1.21) 진시(辰時)에 주산동(줄미) 흔집에서 태어났다. 부는 은진 송택순과 모는 대구서씨 숙경이시다.
- 1958.4.1. 동명초등학교 입학
- 1964. 1월 동명초등학교 졸업, 3월 2일 대전동중학교 입학
- 1967. 대전보문고등학교 입학
- 1970.3.2. 충남대학교 문리과 대학 사학과 입학
- 1973.1.8. 군 복무 육군 입대
- 1975.7.5. 군 제대
- 1976.10.14. 청주 장글제과에서 충북대 가정교육과와의 미팅에서 아내 진순이 만남
- 1977.2.25. 충남대학교 문리과 대학 사학과 졸
- 1977.04.12. 중등학교 사회(역사) 정교사(2급) 문교부
- 1977.3.2. 인사발령,「대전체육고등학교 역사과 도비강사」로 취직
- 1977.5.27. 「중등교원 임용후보자 선정 경쟁시험 합격자 통지(역사)」(중등 1017)- 충청남도 교육위원회 중등교육과 인사계
- 1978.3.6. 인사발령,「당진중학교 도비강사(사회)」, 당진군 교육청
- 1978.4.1. 인사발령,「원이중학교 중학교 교사(역사)」, 서산군 교육청
- 1979.10.14. 대흥동 시온예식장 (천주교회 앞)에서 진순이와 혼인

- 1980.7.5. 용선, 용재 출생
- 1980.7.5. 인사발령,「태안고등학교 고등학교 교사(역사)」, 충청남도 교육위원회
- 1982.7.19.-8.25. 자격연수「중등학교 역사과 자격검정(1급 정교사)」(전북사대 중-1정 82-180)-전북대학교 사범대학 부설 중등교원연수원
- 1982.10.26. 중등학교 사회(역사) 정교사(1급), 충청남도 교육청
- 1983.8.8-8.13.「일반연수(이념교육)」(충남교위-중등-일반-83-274)
- 1984.3.1. 인사발령,「대전여자고등학교 교사(역사)」, 충청남도 교육위원회
- 1989.3.1. 인사발령,「동대전고등학교 교사(역사)」, 대전직할시 교육감
- 1994.3.1. 인사발령,「충남고등학교 교사(역사)」, 대전직할시 교육감
- 1997.2.21. 한국교원대학교 대학원 석사과정(역사교육 전공) 졸, 석사학위(사회과 교육학과 역사교육 전공) 수여.「학위기」석제 2977호(교육부 학위등록번호: 교원대 96(석) 410
- 1998.3.1. 인사발령「대전고등학교 교사(역사)」, 대전광역시 교육감
- 2001. 4.8. 2급 예절 지도사 (한국전례원)
- 2001.7.20. 전민동 ExpoA 105-1302호에서 유성구 노은동 열매마을 8단지 새미래A 803-502호로 이사
- 2001.-2002.대전고등학교 한모제 행사 시 풍류 다례 시연
  수능시험 후 고3 학생 대상으로 전국 최초로 관례행사 실시
- 2003.3.1. 인사발령,「충남여자고등학교 교사(역사)」, 대전광역시 교육감
- 2003.9.25. 대전광역시 유성구 지족동 866-12번지 주택 이사
- 2004. 8.18. 1급 예절 지도사 (한국전례원)
- 2005.-2007.전통 혼례와 풍류 다례 시연(충남여고「청운제」)
- 2005.8.31-2010.12.3. 국사 심화 교육 출강 의뢰, 대전보건대학장
- 2007.3.1. 인사발령,「유성고등학교 교사(역사)」, 대전광역시 교육감

- 2011.3.1. 인사발령,「유성생명과학고등학교 교사(역사)」, 대전광역시 교육감
- 2014.2.28. 인사발령,「교직 정년퇴임」, 대전광역시 교육감
- 2014.7.5. 세종특별자치시 장군면 해누리길 35번지로 이사
- 2014.7.5-8.4. 무릎 관절염으로 유성 선병원 입원
- 2014.8.26-9.11. 관절염 재발 재수술하였으나 차도가 없어 MRA 정밀 검사 결과 무릎 주위의 대퇴골과 경골이 진행성 골수염으로 서울 상급 병원 전원 조치
- 2014.9.15-10.8. 정밀 검사 결과 비결핵성 마이코박태륨골수염 및 패혈성 무릎 관절염으로 입원 골수 수술 받음
- 2017.3.19-4.3. 우측 족관절 농양 및 골수염으로 대전성모병원 입원 수술
- 2017.4.10-19. 신촌 세브란스병원 우측 발목 패혈성 관절염으로 입원
- 2017.7.28-8.2. 충남대병원 상세 불명의 심방 조동, 심장질환 부정맥으로 입원
- 2017.10.21. 혼인 40주년 녹옥혼식 행사(자이당에서 집례 : 권진희주 전례원장)

2. 은진송씨 종중사 연구 및 학술연구사업

- 1994-현재. 현재 월간「은진송씨 종보」에 선조 유적 순례 기획연재 및 논문, 수필, 기록 원고(약 110편 내외) 기고 및 발표
- 1995.10.14. 본인의 9대조부터 조부까지의 문헌을 정리『주산가승』간행
- 1997.2. 석사학위 논문,『宋浚吉의 學問과 思想』, 한국교원대학교 대학원

- 1997. 문화재자료 VTR 자료 제작 「동춘당과 송준길 선생 옛집」, 대전시교육연구원
- 1997.4.9. 『조선조 송산림 연구』 간행
- 1998. 학부모용 가정교육지도, 「지혜로 일깨우는 행복한 우리 아이」 자료 개발, 대전광역시 교육연구원
- 1998. 「역사의식 함양을 위한 체계적 문화교육 이해를 위한 자료」 교육자료 개발, 대전광역시 교육청
- 1998.4.10. 송정희 편저, 송창준 역, 『德恩家乘』 1,2, 향지문화사, 출판이 춘파 송형빈 씨가 작고함으로써 간행할 수 없게 되자, 이후 『德恩家乘』 1,2 출판비 일부를 충당하여 출간, 문중사 및 향토사 연구에 기여
- 1999.7.21. 은진송씨 동춘당 종중 『동춘선생 언행록과 유사』 편저
- 1999. 「향토 사료 개발의 활용을 통한 열린 학습개선」을 통한 향토자료 집중정리.
  「교육부 공모 교과교육 연구 활동」 자료 개발, 한밭역사교육연구회
- 2006.-2008. 충남도청으로부터 위임받은 「금강변의 누정조사」 연구 참여, 『충남향토연구』 30집에서 32집에 자료 게재
- 2007.2.28. 「17세기 湖西 士林의 道義之交 – 宋浚吉과 李惟泰의 사례」 『동춘당 송준길 연구』, 521-545쪽
- 2009.2.28. 「제월당 · 옥오재의 시」, 『회덕 선비의 삶과 선비정신』, 261-267쪽
- 2016.12.12. 동춘 선생 일화(장인과 사위의 밥상) 송병무 종숙에게 채록 정리
- 2018.4.17. 「牧使公 宗中의 運營方案」, 종중 발전을 위한 세미나 발표.
- 2022.1. 『은진송씨 대종회 사적』과 『은진송씨 할머니들 이야기』 출간. 동시에 2020년 7월부터 2022년 1월, 약 1년 6개월에 걸쳐

문중 기록문화를 디지털 문서로 보관. 〈은진송씨 대종회 홈페이지 구축 완료〉

3. 문화재 지정에 기여

- 2001.4.8. 보만정 금담서원 묘정비(충청북도 문화재자료 제31호, 동춘 선생 관련)
- 2006.4.7. 수옹 송선생 유기 비(충청북도 문화재자료 제55호, 우암 선생 관련)

4. 향토문화 연구 및 일간지 기고 활동

1)『忠南鄕土硏究』

- 「동춘당 송준길의 생애 (生涯)와 육친(六親)에 대한 사랑」, 제19집, 1996.7.31.
- 「한글본 浩然齋遺稿」, 제21집, 1997.7.31.
- 「故 心農 宋鎭道 先生을 기리며」, 제22집, 1998.10.10.
- 「崇賢書院 享禮儀節」, 제22집, 1998.10.10.
- 「湖西地方 岩刻巡禮1-三綱閭 石刻」, 제24집,
- 「故 惜陰 宋昌準 先生論」, 제25집, 2001.12.26.
- 「정곡 성주련의 생애와 육영」, 제27집, 2003.11.20.
- 「大德郡 炭洞面 書記 성주련(成周蓮)의 복명서 復命書」, 제27집, 2003.11.20.
- 「충절과 학문의 고장 달전리(達田里) 月田 답사기」, 제28집, 2004.12.10.

- 「은진송씨의 대전토착화 과정」, 제29집, 2005.12.7.
- 「화양서원(華陽書院)에 대한 청원문건(請願文件)」, 제30집, 2006.12.7.
- 「초려 이유태와 동춘당 송준길의 도의지교(道義之交)」, 제30집, 2006.12.7.
- 「해방 이후 일제식 매도증서(賣渡證書)」, 제31집, 2007.12.31.
- 「한글 깨우치기 윷판」, 제32집, 2008.12.31.
- 「해동제국기 보한재 문집 편독(海東諸國記 保閒齋 文集 遍讀)」, 제33집, 2009.12.31.
- 「은송 문헌 체계화의 기틀을 마련한 송파 송용재 선생」, 제34집, 2010.12.31.
- 「경청재 건축사실기(景淸齋 建築事實記)」, 제35집, 2011.12.31.
- 「8대 대통령 비화 – 체육관 선거 통일주체국민회의 대의원 송동헌의 육성 기록을 통해 보다」, 제36집, 2012.12.31.
- 「소론 문중(小論門中)과 회니시비(懷尼是非) 현장을 찾아서」, 안동 청안서당 답사 후기, 제37집, 2013.12.31.
- 「'충남향토연구회' 32년의 발자취」, 제40집, 2016.12.31.
- 「恩津宋氏 문헌 정리 과정 및 문헌 소개」, 제40집, 2016.12.31.
- 「SUN HOTEL에서 SEVERANC HOTEL로의 여정」 -1년 반 동안의 병상 기록, 제40집, 2016.12.31.
- 「소제호(蘇堤湖)와 기국정(杞菊亭)에 대한 재고」, 제41집, 2017.12.30.
- 「역천(櫟泉) 송명흠이냐? 늑천(櫟泉) 송명흠이냐?」, 제42집, 2018.12.30.
- 「소대헌 · 호연재 고택(小大軒 · 浩然齋 故宅)」, 제42집, 2018.12.30.
- 「포천공(宅字 淳字) 묘비 제막식을 마치고 난 후의 소회」, 제42집, 2018.12.30.
- 「계축옥사의 칠서(七庶)와 서양갑(徐羊甲), 그리고 송촌

– '徐羊甲傳' 이 '홍길동전' 의 모티브일까?, 제43집, 2019.12.30.
- 「은진송씨 4大 시인 연구」, 제43집, 2019.12.30.
- 「강석기 · 송준길의 화회문기(和會文記)」, 제44집, 2020.12.30.
- 「녹문 임성주의 생애와 성리학」, 제46집, 2022.12.30.
- 「춘강 김영한 선생을 회고하며」, 선생 서거 5주기 추모사, 제47집, 2023.12.30.
- 「프랑스 페흐라세즈 묘역과 이사동 은진송씨 목사공 묘역」, 『대전鄕土研究』 창간호, 2022.6.20.

2) 『세종시마루』

- 「세종특별자치시와 충청 삼현의 발자취 –동춘 우암 초려를 중심으로」, 『세종시마루 6호』, 2021.6.25.
- 「천재 요절 시인 송유하의 삶과 세계」, 『세종시마루 8호』, 2022.6.25.
- 「요절시인 수재 송희갑의 삶과 시」, 『세종시마루 9호』, 2022.12.5.
- 「보만정과 금담서원」, 『세종시마루 10호』, 2023.6.30
- 「초려 이유태의 삶과 시」, 『세종시마루 11호』, 2023.12.15

3) 일간지

- 「동춘당에 대한 오해 없어야」, 중도일보, 2007.1.27.
- 「동춘당 이해 부족 아쉽다」, 중도일보, 2007.2.24.
- 「유명조선(有明朝鮮)에 대한 오해」, 중도일보, 2007.9.17.
- 「우암같은 어른이 그리운 때」, 중도일보, 오피니언 사외칼럼 2007,12.1
- 「일제에 의해 사대주의자가 된 우암」, 『중도일보』, 2007,11.17.
- 「영어교육 강화 이전에…」, 중도일보, 2008.3.5.
- 「목척교에 금당 선생 시비(詩碑)를」, 대전일보, 2011.12.8.
- 「완계(浣溪)암각자를 찾아야」, 중도일보, 2013.12.5.

4) 기타 교지 및 간행물

- 「"백호의 포효하는 의기로 日新又日新 하시길"」, 『대전역사교육 6집』, 2004.
- 「동춘당의 보람된 후예 後裔가 되어라.」, 『屛洲 李鍾洛 先生 古稀紀念文集』, 병주 이종락 선생 고희 기념문집 간행 위원회, 문경출판사, 2005.10.29.
- 「운주산 비암사 답사기」, 『白樹文學』 봄호, 통권 제54호, 2005.
- 「우리 어머니로 인하여 맺어진 파라미타와의 인연」, 『Paramita 참스승』 제11호(파라미타연합회 지도자 소식지), 2011.
- 「호남평야를 다녀와서」, 『동녘』 제5호(동대전고 교지), 1993.
- 수필 「변화하는 삶」, 『靑雲嶺』 제32호(충남고 교지), 1995.
- 「지난날 강가에서 말달리던 선구자」, 『또 하나의 우리를 찾아』, 『靑雲嶺』 제33호(충남고 교지), 1995.
- 「대전고 정신」, 『한모』 제50호(대전고 교지), 2000.
- 「제례의 발전적인 전승을 위한 제언」, 『한모』 제51호(대전고 교지), 2001.
- 「전통과 첨단이 어우러지는 일본을 보고」, 『한모』 제52호(대전고 교지), 2002.
- 「문화유산 답사의 길잡이- 건물의 신분」, 『靑雲』 제19호(충남여고 교지), 2003.
- 「세계 유산에 등재된 자랑스런 우리의 문화유산」, 「선비의 삶이 서린 안동 문화- 체험학습을 다녀와서」, 『靑雲』 제21호(충남여고 교지), 2005.

5. 중요 사회활동

- 1994.10.14.- 현재 충남향토연구회 회원

- 1994.-2008.은진송씨 문정공파 종중 문헌 편찬위원과 간사
- 2001.8.28. 2001년 지방공무원 공개경쟁 임용 시험문제 선정위원 위촉, 대전광역시 교육청 인사위원회
- 2001.9.3.-8.대전광역시교육청 지방행정직 공무원 공채 시험문제 출제
- 2001.9.13. 박우철 선생의 안내로 청유서당에 처음 나감.
- 2003.10.14-2005.10.13. 대전광역시교육청 시립학교명 제정협의회 위원 임명
- 2003.-2012.천연기념물 제265호 연산 오계 보존회 이사
- 2004.2.8.-2014.6. 천주교 노은동교회 구역장 레지오 단장
- 2004.4.16.-2005. 문화재청 근대 문화유산 관계전문가 인력은행(문화재 등록을 위한 현지 조사위원) 임명
- 2004.7.10.-2007.7.5. 남간사 유회 장의
- 2004.9.3. 문화재청에서 실시하는 근대 문화유산 현지 조사 실시 (철도청 대전지역 사무소 재무과 보급창고 3호, 뾰족집, 성산교회 목사관)
- 2005.10.14.-2007.10.13. 대전광역시 시립학교명 제정 센터 객원 연구원
- 2005.2학기- 2010. 대전보건대학교 유아교육과 출강
- 2006.1.4.-현재. 이초려 선생 기념사업회 이사 위촉
- 2007.7.6.-현재. 남간사 유회 별유사
- 2011.4.1. 한밭교육박물관 운영위원 위촉
- 2011.4.20. 대전문화관광해설사 보수교육 강의, 시청회의실
- 2011.7.18. 2011 교원 능력개발을 위한 맞춤형 자율연수직무연수 강사. 「대전의 역사와 지리」, 내동초등학교, 대전광역시 서부교육청
- 2011.8.1. 청소년 문화재지킴이단 지도교사 위촉, 문화재청
- 2011.10.8. 자운중학교 부자유친 역사기행 프로그램 강사 위촉 (숭현서원-동춘당-남간정사-학생교육박물관-노루벌) 답사

- 2013.3.21. 한밭교육박물관 운영위원회 운영위원장 위촉 (2013.3.21.~2015.3.20.)
- 2016.8.10. 은진송씨 대종회 종보 편집위원 위촉
- 2016.10.4. 대전시민대학 송촌캠퍼스 소대헌 · 호연재 고택 문화유산 해설사 상근
- 2021.6.17. 대전향토문화연구회 향토 문화연구가 위촉
- 2022.12.14. 은진송씨 대종회 종보 편집위원 위촉
- 2024.1.1. 회덕향교 장의 임명, 성균관장

6. 포상 및 연구 실적

- 1988.12.5. 교육감 표창, 국민교육헌장 선포 20주년, 기념 충청남도 교육청
- 2002.8.17. 교육감 표창, 웅변 교육 공로, 대전광역시 교육청
- 2002.11.19. 충·효·예 모범 지도교사, 충·효·예 실천 운동 대전충남연합회장
- 2003.1.22. 청소년 지도육성과 파라미타청소년협회의 발전, 파라미타협회장상
- 2005.5.15. 제24회 스승의 날 기념 표창(경로 봉사), 교육인적자원부장관
- 2005.12.24. 청소년 단체활동 및 주부교실 운영 지도 공헌, 대전광역시 교육감
- 2006.1.12. 교원 환경 교육과정 중 학생장 활동(공로상), 수자원교육원장
- 1998.8.31. 제10회 교육자료 전시회 시도대회 3등급, 대전광역시 교육감
- 2000.2.8. 교육발전총력실천연구대회 시도대회 1등급, 대전광역시 교육감
- 2002.12.17. 단체활동 지도 연구대회 시도대회 2등급, 대전광역시 교육감
- 2014.2.28. 훈장증(홍조근정훈장 제30831호) 수여
- 2022.10.25. '은진송씨 홈페이지 구축 공헌, 대종회장 표창패

발문

경하장의 온천만큼이나 훈훈했던 시절

윤세병(공주대학교 역사학과 교수)

얼마 전 집안의 물건을 정리하던 중 유성에 있는 경하장의 입욕권 여러 장이 뭉텅이로 나왔다. 큰 물건은 이사 때마다 주인의 손길이 닿아 보살핌 속에 자기 자리를 잡아가지만 이렇게 작은 물건들은 존재가 희미하여 기억에서 사라졌다가 어느 날 불쑥 나타나곤 한다. 작은 물건이지만 숨겨져 있던 기억의 창고가 열린다. 이 입욕권은 특별한 물건이다. 경하장은 우리 집 두 아이가 어린 시절 함께 손잡고 들렀던 추억의 장소이기도 하지만 송 선생님과 함께 한 소중한 기억의 공간이다.

1999년 대전이란 곳에서 역사 교사로서 교직 생활을 시작했던 나는 전국역사교사모임을 알게 되었고, 함께 발령 난 동기들을 중심으로 한밭역사교사모임을 만들었다. 이러저러한 활동을 하면서 송 선생님 성함을 들었고 어느 우연한 기회에 만나 인사를 드릴 수 있었다. 가문이라는 걸 의식하고 살지 않았지만, 대전에 와서 한번은 강렬한 경험을 했다. 우리 집 첫째가 태어났던 그리고 한일월드컵이 열린 해이기도 했던 2002년, 같은 학교에 근무하는 송모 선생님께 이름을 부탁했다. 그리고 이름을 받으러 갔더니 그분의 첫 마디가 "파평윤씨는 머리가 좋지 않아."였다. 작명을 부탁한 입장에서 따지기도 그러해서 바로 아이 이름 이야기로 넘어갔다. 지어 온 이름에 대한 설명을 듣고 감사의 인사를 드리고 나와서는 17세기의 회니시비[懷尼是非]가 아직도 진행 중인가 속으로 생각했다.

송 선생님은 동춘당의 후손이라 하셨다. 집안에 대한 자부심이 컸음에도 내가 윤씨라 해서 어떤 거부감을 주거나 불편함을 드러내지 않았다. 지금 생각해 보면 첫째 아이 이름을 지어준 분이 어쩌면 특이한 건지도 모른다.

선생님 덕분에 대신고에 근무하는 최장문 선생과 함께 대전의 이곳저곳을 다니면서 많은 공부를 할 수 있었다. 지금은 대학에서 대학생들을 가르치는 입장이지만 대전에서 역사 교사로서 20여 년간 근무하던 시절에 가졌던 소중한 경험의 하나다. 선생님은 이미 석사 논문 주제로 송산림[宋山林]에 관한 글을 쓰셨고, 워낙에 보학에 조예가 깊었다. 그 복잡한 혼맥은 기본이고 그로 인해 연결되는 다른 여러 집안의 이야기까지 속속들이 꿰고 있었다. 풍부한 배경지식을 바탕으로 평소 접할 수 없는 오묘한 영역으로 들어가는 호사를 누렸다.

대청호 주변을 돌면서 추파 송기수의 묘역을 송 선생님이 아니었다면 내가 어떻게 가보았을까? 송씨 집안을 서인-노론으로만 규정할 수 없으며 역사가 그리 단순하지 않다는 점, 남인의 영수였던 미수 허목이 쓴 글이며 현대에 와서 퇴계의 후손인 이가원이 쓴 글의 비석도 선생님 덕분에 볼 수 있었다. 대전 지역이 서울의 정치 지형처럼 남북 노소의 붕당이 자리를 잡고 있었다는 것도 알게 되었고 전국역사교사모임이 매년 여름과 겨울의 방학 기간을 이용해 마련하는 연수가 대전에서는 2009년 8월에 처음 열렸는데, 그때 주제가 사색四色이었다. 이렇게 제를 잡는 데는 송 선생님의 역할도 매우 컸다.

학하동에서 박문수의 부모 묘역을 답사하고, 현충원에서 인조반정의 공신이었던 이귀의 아들 사우당 이시담의 묘소를 찾아보고, 능호관 이인상의 전서가 새겨진 망주석을 친견할 수 있던 것도 선생님과 함께 다닌 덕이다. 선생님을 통해 무수동에서 연로한 권 선생님의 여러 귀한 말씀을 직접 듣기도 했다. 회니시비懷尼是非 이후 은진송씨와 파평윤씨 사이의 갈등으로 우암 송시열의 딸이 곤욕을 치렀다는 이야기를 그분이 해주셨다. 윤지충과 권상연으로 인해 일어났던 진산 사건 이후 안동권씨 집안의 이야기도 들려주셨다. 그분의 말씀을 녹취해 놓았으면 좋았겠다는 생각을 한다.

선생님과 답사하다 보면 새롭게 만나는 지식도 인상적이었지만 특유의 시적 감수성을 빼놓을 수 없다. 답사가 있는 날이면 답사와 어울릴 만한 시 한 수를 준비해서 읊조리곤 했다. 어느 공부 모임에서인가 공부를 시작하기 전에 시를 하나 읽고 공부를 진행하던 적이 있다. 시가 주는 힘은 매우 컸다. 송 선생님이 준비해 오신 시 역시 그러했다. 매 답사마다 다른 시를 준비해 오셨고, 어떤 시들이었는지 지금 나로서는 기억하기 어렵다. 그러나 그 시들을 머릿속에 차곡차곡 저장해 놓고 하나하나 풀어 놓던 장면만큼은 눈에 선하다.

송 선생님과 여러 곳을 답사했지만 가장 인상적인 훌륭한 답사지는 바로 송 선생님 댁이었다. 지금은 세종시의 자이당自怡堂으로 이사했지만, 그전에는 노은동의 단독 주택이었다. 여러 서책, 그림, 글씨를 감상할 수 있었다. 옹방강의 진귀한 글씨도 보았다. 그런 물건들만큼이나 집 자체가 예술이었다. 우리가 사모님이라 불렀지만, 진순이라는 성함을 가진 분의 탁월한 안목이 스민 공간이었다. 이분은 예술적 안목만이 아니라 사람을 보는 안목 역시 탁월하다. 최장문의 아내나 나의 아내나 못난 남편들 때문에 마음이 허기지고 지쳐 있음을 간파하고 그들에게 힘을 불어넣어 주시곤 했다. 송 선생님이 서운해 하실 수도 있겠으나, 송 선생님이 우리에게 힘을 줄 수 있던 에너지의 발원지도 바로 사모님이라 생각한다.

송 선생님과 이런 활동을 할 수 있었던 만남의 장소에 바로 경하장이 있었다. 토요일이나 일요일 새벽 일찍 온천물이 깨끗한 시간에 선생님, 최장문 선생과 함께 셋이서 몸을 담그고 나서는 바로 옆에 있던 경성 복집에서 복을 나눠 먹었다. 온천욕과 복은 잘 어울렸고, 많은 대화를 나누었다. 식사 후 대전의 이곳저곳을 들러 답사하는 재미가 쏠쏠했다.

한때 잊고 있던 입욕권을 들고 최근에 아내와 함께 경하장을 찾았다. 10년도 족히 넘은 입욕권일 듯싶은데 받아주었다. 오랜만에 느껴 보는 경하장 온천물, 여전히 따뜻했다. 그리고 함께 이곳저곳을 다니던 과거의 장면들이 스쳐 지나갔다. 기억은 영화처럼 장면의 연속으로 나타나지만 새삼 느낀 게 하나 있다. 영화와 다른 건 바로 거기에 온도도 있다는 것이다. 따뜻하고 훈훈함이 배어 나오는 기억.

송성빈 회고록

왕따 도련님의 해방일지

2024년 5월 30일 개정판 1쇄

지은이 송성빈
펴낸이 윤영진
기획편집 함순례
홍 보 한천규
펴낸곳 도서출판 심지
등록 제 2003-000014호
주소 34570 대전광역시 동구 대전천북로 12
전화 042 635 9942
팩스 042 635 9941
전자우편 simji42@hanmail.net

ISBN 978-89-6627-256-3 03810